Maria Regina Kaiser/Armin Bukarov

AM
ABGRUND

Hase und Igel®

Der Satz „Gesundheit ist ein Weg, der sich bildet,
wenn man ihn geht und gangbar macht" (Seite 93) stammt vom
Medizinhistoriker Heinrich Schipperges (1918–2003).

Marklingen und Luginsbühl sind fiktive Orte.
Personen und Begebenheiten sind frei erfunden.
Eventuelle Ähnlichkeiten mit der Realität wären rein zufällig.

*Die Autoren danken Rolf Johannsmeier für freundliche Hinweise
zum Schulbetrieb in der Schweiz, für das Lektorat und Engagement
Patrik Eis und Sonja Stahuber.*

Für Lehrkräfte gibt es zu diesem Buch
ausführliches Begleitmaterial beim Hase und Igel Verlag.

© 2013 Hase und Igel Verlag GmbH, München
www.hase-und-igel.de
Lektorat: Sonja Stahuber
Titelfoto: iStockphoto
Druck: CPI – Ebner & Spiegel, Ulm

ISBN: 978-3-86760-161-0
5. Auflage 2023

Inhalt

1. Kapitel: Ricco muss draußen bleiben

Leuchtend hebt sich ein goldener Brückenbogen gegen den Nachthimmel ab: die Reklame des *Golden Gate*. Ein blauer Laserstrahl tanzt über die Felder und weist den vielen, die die Diskothek an diesem Freitag besuchen wollen, den Weg. Die einen gehen zu Fuß über den Asphaltweg durch die Felder die Anhöhe zum *Golden Gate* hinauf, die anderen kommen mit dem Auto oder mit dem Fahrrad.

Theo Leberle und Ricco Früh laufen durch den Regen. Theo trägt heute sein grünes Nofx-T-Shirt, weil er gerade auf Punkmusik und Skateboards steht; er hat auch seinen olivgrünen Rucksack dabei. Ricco ist einen Kopf kleiner als sein hochgeschossener, magerer Freund. Er liebt süße Sachen: Torte, Vanilleeis, Geleefrüchte und Nougatschokolade. Dummerweise sieht man ihm das an. Ricco grübelt viel und ist manchmal tagelang traurig. Schokolade verbessert seine Stimmung. Er ärgert sich, wenn sie ihn in der Schule „Fettsack" nennen. Er wäre gern so wie Theo, einer, der über allem schwebt und den alle bewundern. Ricco arbeitet in seiner Freizeit an einem Computerspiel. „Ricco, das Schwein" heißt es. Eine witzige Geschichte mit einem dicken Jungen namens Ricco, der beim Wettrennen immer verliert. Ricco stellt sich vor, dass alle aus seiner Klasse das Spiel mit ihm spielen, wenn er es fertig hat. Außerdem interessiert er sich für Elefanten. Er weiß ziemlich viel über sie. Außer ihm interessiert sich in seiner Klasse kein Mensch für Elefanten.

„Ich muss hier endlich raus!", schreit sein Freund. Theo, genannt Theo Vier, reißt die Arme hoch und hüpft auf der Stelle. Schweigend sieht Ricco ihm zu. Hinter ihnen liegt die Stadt. Rechts und links von ihnen rauscht der Regen in die Maisfelder. Ricco hat die Kapuze seines Pullovers über den Kopf gezogen, was die Nässe kaum von ihm abhält. Theo scheint sie nichts auszumachen und dem gegelten blauen Hahnenkamm auf seinem Kopf auch nicht. Die Frisur hat Theo sich heute Nachmittag machen lassen. Er hält sich die Mundharmonika an die Lippen und spielt eine schräge Melodie.

„Was ist das?", fragt Ricco. „Höre ich schon das fünfte Mal heute."

„Das Jibinho*-Lied!", ruft Theo. Er hat bereits zwei Flaschen Bier getrunken. Dauernd bleibt er stehen und brüllt immer wieder: „Ich will weg!"

„Ja, ja", murmelt Ricco.

Seit Riccos Mutter vor Jahren anfing, in der Metzgerei Leberle auszuhelfen, sind die beiden Jungen befreundet. Wenn sie demnächst ihren Schulabschluss in der Tasche haben, soll Theo in der Metzgerei seines Vaters, Theo Drei, eine Lehre machen. Eigentlich ein Glück für ihn, dass er schon weiß, was er machen wird und wo.

Ricco hofft, dass er nach dem Abschluss auf die Fachoberschule gehen kann. Er hat momentan aber andere Sorgen. Genau genommen hat er nur Sorgen. Er hat etwas Gras* geraucht, bevor sie losgegangen sind. Danach fällt es ihm noch schwerer, mit Mädchen zu sprechen. Einerseits wird die Welt schöner und genauer, aber gleichzeitig langsamer und komplizierter. Er muss in das Maisfeld schauen, das sich im Wind bewegt. „Könnte es sein, dass das Maisfeld unterwegs zur Disco ist und wir nur dabei zusehen?"

Theo beantwortet Riccos Frage nicht. Er ist mit seinen Gedanken woanders.

„Die lassen mich um diese Uhrzeit nicht mehr rein in die Disco", sagt Ricco.

Ricco ist ein Typ mit tausend Ängsten. Er hat vor allem Angst, dass er durch die Abschlussprüfung fällt und hinterher keinen Ausbildungsplatz bekommt. Deswegen büffelt er schon nächtelang für den Mathetest und probt die Präsentation für Bio. Ricco kriegt nie irgendwo etwas geschenkt. Manchmal träumt er, er sei auf einem zu schnell fahrenden offenen Lastwagenanhänger unterwegs. Er hat Mühe, sich festzuhalten. Wenn er nur einen Augenblick unaufmerksam wäre, würde er herunterfallen. In seinen Träumen fällt er nie herunter, aber es ist unglaublich schwer, auf der Ladefläche zu bleiben.

„Es ist doch nur die Dorfdisse. Die lassen jeden rein, der ein bisschen wie achtzehn aussieht."

„Ich bin erst sechzehn und irgendwie sieht man mir's auch an."

„Weil du dich wie vierzehn benimmst", grummelt Theo. „Wenn du so weitermachst, bleibst du dein Leben lang vierzehn. Hier", Theo bleibt stehen und kramt in seinem Rucksack, „nimm ein halbes Teil. Für dich umsonst, weil du mein Freund bist."

„Ich mach das nicht", wehrt Ricco ab und wird rot. „Ich fang das gar nicht erst an." Auch in seinem benebelten Zustand weiß er, dass er jetzt nichts Zusätzliches mehr schlucken darf. Nicht mal mehr ein Bier. Ihm ist schon jetzt sonderbar und schwindlig. Das liegt sicher an dem Gras von vorhin. Er verträgt auch nicht so viel Alkohol wie Theo, obwohl er pummelig ist und Theo ganz dünn.

7

„Es kostet nichts", sagt Theo.

„Das Zeug brennt Löcher ins Gehirn, sagt mein Bruder immer."

„Spinner! Hab ich etwa Löcher im Gehirn?"

„Ja. Nein. Weiß nicht."

„Probier's doch mal", sagt Theo. „Es wirkt wie zwei Kannen Kaffee. Dann kannst du die ganze Nacht durchtanzen."

Ricco wiegt sich in den Hüften, so wie das Maisfeld. Wenn er noch länger zusieht, wird er selbst zur Maispflanze. Genau das will er jetzt auch. In den letzten Wochen hat er hin und wieder mit Theo zusammen Gras geraucht. Meistens wird ihm davon schlecht. Heute aber wird ihm nicht schlecht, heute wird er zur Maispflanze.

„So wie du bist, wirst du dein Leben lang in Marklingen bleiben. Leute wie dich, solche Angsthasen, die sich nie was trauen, die will niemand da draußen haben." Theo fuchtelt mit den Armen. „Ich geh weg. Nach Mexiko oder nach Bolivien." Eigentlich meint er damit nur, dass er nicht die Metzgerei seines Vaters übernehmen will.

Der Regen hört plötzlich auf, doch die beiden bemerken es nicht.

Theo setzt die Mundharmonika an und spielt ein wenig. „Schluck endlich das halbe Teil, du Idiot. Ich mein es gut mit dir."

Ricco nimmt es in die Hand und betrachtet es. Sieht aus wie eine halbe Kopfschmerztablette. Hellblau, aber vielleicht ist es eigentlich weiß und sieht nur blau aus, weil der Lichtkegel gerade wieder über sie hinweg rotiert. „Das Zeug hat schon Leute umgebracht", murmelt er.

„Das einzige, was dich umbringt, ist die Metzelsuppe aus der Metzgerei Leberle!", schreit Theo.

„Nein, die ist gut!", widerspricht Ricco.

Seine Mutter arbeitet als Aushilfe in der Metzgerei. Insofern kennt er die Maultaschen und die Metzelsuppe, den Presskopf – das ganze Angebot. Davon ernährt er sich. Ricco mag die Sachen, die seine Mutter von der Arbeit mit nach Hause bringt.

Ricco starrt immer noch auf die halbe Pille. Theo drückt ihm die Bierflasche in die Hand. „Spül's runter. Die lassen dich rein, wenn du es genommen hast."

„Da ist Strychnin* drin."

„Meine Sachen sind einwandfrei."

Ricco setzt die Flasche an und trinkt den Rest aus. Die halbe Pille schiebt er sich unauffällig ins Ohr. Rattengift im Gehörgang, Ricco schüttelt sich bei dem Gedanken. Er wendet sich schnell von Theo ab, holt unbemerkt das Tablettenstück hervor und wirft es in den Mais. Wie Ecstasy wohl auf Pflanzen wirkt? Nehmen sie es gleich aus der feuchten Erde auf? Fangen sie dann an zu tanzen?

„Jetzt hast du die Sicherheit und das gute Gefühl", erklärt Theo. „Merkst du schon was?"

„Die lassen mich nicht rein", stöhnt Ricco.

„Und es macht dich gesprächig. Es nimmt dir die Hemmungen."

„Ich kann mich nicht unterhalten, wenn andere zuhören."

„Genau deshalb. Wirst sehen, heute wird es sicher besser gehen."

„Du meinst, von dem Strychnin werde ich locker?"

„Da ist nur ein Hauch Strychnin drin."

„Erst hast du gesagt, es ist gar keins drin."

„Wahrscheinlich ist gar keins drin." Theo denkt nicht mehr logisch. Er denkt nur noch an den Rucksack mit den Teilen, die er verticken will. Mit dem Geld wird er abhauen. Es sichert seine Zukunft.

„Ich brauch etwas, das mich dünner macht", sagt Ricco.

„Es macht dich dünner, weil es dich aktiver macht", erklärt Theo.

„Du willst das Zeug nur verkaufen."

„Klar will ich's verkaufen. Jeder will verkaufen."

Und außerdem will Wassili am Montag sein Geld haben für die Ladung Pillen. Wenn du das Geld nicht bringst, kriegst du aufs Maul, Kumpel – eine klare Ansage.

Der Türsteher ist ein stämmiger, tätowierter Muskelprotz. Er trägt ein Goldkettchen um den Hals und Ledermanschetten um die Handgelenke. Mit der Tätowierung im Gesicht sieht er aus wie eine Comicfigur.

Die Bässe pumpen. Es läuft House. Lichter flackern, Mädchen kichern und kreischen.

„Bist du schon volljährig?", will der Türsteher von Ricco wissen. Seine Stimme klingt genau wie ein Automat, so wie Ricco es sich den ganzen Weg lang schon vorgestellt hat. Dann fragt der Mann sie nach ihrem Ausweis. Ricco holt seinen nicht einmal hervor. Ist ohnehin sinnlos. Theo fuchtelt mit den Armen und schwenkt seinen gefälschten Schülerausweis. Und bezahlen muss er auch nichts. Theo zeigt auf den Stempel auf seinem Handrücken mit den zwei ineinandergesetzten großen Gs, dem Logo des *Golden Gate*. Den hat er natürlich auch selbst gemacht.

„Das ist ungerecht", sagt Ricco mehr zu sich selbst als zu Theo und wirft einen Blick zurück. Das Maisfeld rückt näher heran. Ungefähr tausend Pflanzen gehen im Gleichschritt auf sie zu. Gegen die hat der Mangamann keine Chance.

„Die werden stundenlang bei euch tanzen", sagt Ricco. Die Maistypen sind auf seiner Seite, die mögen ihn. Wahrscheinlich kommen sie zu seiner Unterstützung.

„Nicht motzen, Kleiner!" Der Türsteher bewegt sich nicht bei diesen Worten, nur seine Lippen gehen leicht auf und ab. Und doch ist es eine Drohung.

Ricco zieht die Schultern ein. Er muss den Abend draußen verbringen. Sein Blick bleibt an Lissi hängen, die gerade mit zwei Freundinnen an ihnen vorbeigeht. Lissi besucht zwar die zehnte Klasse, ist aber schon achtzehn. Mit achtzehn darf man alles, denkt Ricco und seufzt.

Alle drei Mädchen tragen Ballerinas an den Füßen und Hotpants über schwarzen Strumpfhosen. Lissi mit ihrem offenen langen blonden Haar ist die Schönste von ihnen.

Ricco wartet in völliger Erstarrung auf ein Wunder. Vielleicht kommt er zusammen mit den Maissoldaten rein. Hat Lissi ihm gerade einen Blick zugeworfen? Hat sie ihn überhaupt bemerkt? Er steht jetzt dicht an der Wand und starrt auf den Eingang mit dem Türsteher. Wahrscheinlich wird Lissi mit Theo tanzen. Mit Ricco hat sie noch nie getanzt. Theo tanzt immer mit Lissi, obwohl er sich gar nichts aus ihr macht.

„Lissi, love of my life", murmelt Ricco. Niemand hört ihn. Am wenigsten Lissi. Ricco lehnt sich an die Wand. Im Näherkommen nicken die Maistypen ihm zu. Bei jedem Schritt hört er sie „Lissi" sagen.

2. Kapitel: Morgengrauen

Es ist drei Uhr morgens, noch immer dröhnt die Musik. Theo ist glücklich. Er tanzt vorbei an Mädchen, die er kaum kennt und die ihm freundliche Blicke zuwerfen. Die jüngeren Discobesucher sind längst nach Hause gegangen. Lissi ist noch da, sie lacht viel zu laut, und ihre Freundin Nena brabbelt unsinniges Zeug. Theo hat selbst ein halbes Teil von seinem Vorrat eingeworfen. Hätte er nicht tun sollen, klar. Konsumier nie dein eigenes Zeug, hat Wassili ihm eingeschärft. Aber heute hat Theo eine Ausnahme gemacht, weil das Geschäft so gut gegangen ist, als Belohnung. Es ist eine besondere Nacht, sagt sich Theo.

Zu Hause in der Metzgerei verstehen sie ihn nicht. Aber daran will er jetzt nicht denken. Er hat Grund zu feiern. Gut drauf, schlecht drauf, ach was – Hauptsache, er ist drauf. Diesen coolen House-Track eben hat er hier noch nie gehört. Der ist doch Wahnsinn! Und die tanzenden Menschen neben ihm, die sind alle glücklich. Theo fühlt sich mit ihnen verbunden. Sie lachen, ihre Augen strahlen, sie genießen die Musik. Ab und zu schießt der Lightjockey Blitze durch den Raum. Für die tollen Lichteffekte ist das *Golden Gate* bekannt.

Theo hat an der Bar seine bunten Pillen verkauft, sogar Leuten, die er nicht kennt. Ganz diskret und unauffällig ist er vorgegangen. Er ist alles, was er mitgebracht hatte, losgeworden. Zu Hause unter dem Bett hat er noch eine Frischhaltetüte mit dem Rest. Den wird er am nächsten Abend verticken.

Theos Blick bleibt an einem Mädchen an der Bar hängen. Langes schwarzes, zurückgekämmtes Haar, dunkle

Augen, große Ohrringe. Schön wie die Hauptdarstellerin in einem Film. Sie sind wie füreinander geschaffen. Eben hat sie zu ihm hergesehen. Er wird ihr sagen, dass er sie lieb hat und sie lächeln soll. Das kommt vom Ecstasy*, man wird gefühlsduselig davon, weil es ein Empathogen ist – das hat Theo bei Wikipedia gelesen. Er geht auf sie zu. Allmählich wird ihm schlecht. Er hat zu viel Bier getrunken und dann noch zwei Drinks. Vielleicht sind Wassilis Teile auch mit etwas Üblem gestreckt …

Theo torkelt auf die Dunkelhaarige zu, sie ist süß, er kann nicht anders. „Graaah", grölt er sie an. Nicht ganz das, was er ihr mitteilen wollte. Dann kriegt er den Satz heraus, den er ihr unbedingt sagen will: „Ich liebe dich."

Sie sieht ihn verstört an und dreht sich weg, als hätte sie seine Worte nicht gehört. Mit schnellen Schritten geht sie davon.

Theo schnappt nach Luft und greift sich an den Bauch. Warum ist ihm jetzt kotzübel? Vor wenigen Momenten hat er sich inmitten von Licht und Musik wie erleuchtet gefühlt. Er sieht nur noch buntes Gefussel um sich herum. Und alles dreht sich. Die Musik ist viel zu laut.

„Total krankes Technokarussell", murmelt er. Er muss kichern, presst den Rucksack an sich und taumelt zum Ausgang.

„Warum gehst du schon?" Lissi stellt sich Theo in den Weg.

„Ich hab nichts mehr zu verkaufen. Wolltest du noch was?", bringt er gerade noch heraus.

„Nee, du hast doch nur Kinderzeug. Meine Sachen kauf ich woanders." Ihr Blick ist abwesend und ihre Hände zittern.

„Ich weiß auch, wo. Die Zähne werden dir davon ausfallen." Sie ist ganz schön blöd, ihr Geld für die harten Sachen auszugeben. So sieht er das. Aber soll sie doch nehmen, was sie will. Ist nicht sein Ding. Geht ihn nichts an. „Jibinho, mir ist voll schlecht." Theo schwankt, als er an ihr vorbei nach draußen geht. „Jibinho" ist derzeit das Codewort für Gras. Theo gebraucht es ungefähr so, wie seine Mutter „Du lieber Gott" sagt.

Der Türsteher ist immer noch da. Obwohl es Theo unangenehm ist, muss er sich einen Augenblick lang an seiner Schulter festhalten.

„Du bist wieder betrunken", sagt der Türsteher. „Dein Kumpel hockt da unten. Hat die ganze Zeit auf dich gewartet."

„Jibinho", lallt Theo, stolpert die Treppe hinunter und fällt fast über den am Boden kauernden Ricco. Zwischen einer Batterie leerer Bierflaschen hat er unter dem Vordach des *Golden Gate* immerhin einen Platz im Trockenen gefunden. Lissis Freundin Nena ist bei ihm und schwadroniert über Katzen. Warum müssen Mädchen eigentlich immer über Katzen reden?, fragt sich Theo.

Theo versucht, sich eine Zigarette anzuzünden. Dreimal macht das Feuerzeug ein Geräusch wie eine Schere, die durch Papier schneidet.

„Hast du mal Feuer?", fragt Nena, als hätte sie nicht bemerkt, dass sein Feuerzeug nicht funktioniert.

Theo reicht es ihr trotzdem. Dreimal das Scherenschnittgeräusch, beim vierten Mal klappt es.

„Ich mag Katzen", sagt Ricco.

„Ich auch. Ich mag die so, dass ich sie dauernd malen muss", sagt Nena.

„Was für Katzen?" Theo hat kaum gefragt, da muss er sich schon übergeben.

Er hat sich gerade etwas erholt, da kommt die Dunkelhaarige mit den großen Ohrringen, die er an der Bar angemacht hat, die Treppe herunter, um zu rauchen. „Hast du Feuer?", fragt sie Ricco.

„Nein, aber Theo", sagt Ricco.

„Hallo", wendet sich Theo ihr zu und reicht ihr den Anzünder.

Dreimal wieder das Geräusch – schnipp-schnapp.

„Das ist kaputt." Die Dunkelhaarige sieht ihn vorwurfsvoll an.

„Nee, braucht nur 'ne Weile." Theo genießt ihre Nähe. Was für eine Nacht! Eben war ihm noch schlecht, doch jetzt fühlt er sich wieder richtig gut.

Beim vierten Mal funktioniert es. Sie raucht und lächelt ihn an.

„Wie findest du Katzen?", fragt Theo.

„Was? Wieso Katzen?" Sie scheint nicht auf Katzen zu stehen.

„Katzen sind doch super. Ricco hat auch eine, die ist immer stoned*, wenn wir bei ihm einen durchziehen."

„Ihr seid bescheuert", sagt sie.

Ricco gerät außer sich: „Theo lügt. Katzen können kein THC* abbauen. Ich würde so was nie machen. Meine Katze ist sehr lieb."

„Ich zeig dich an", sagt die Dunkelhaarige und zeigt auf Ricco. „Du bist ja voll abartig. Wer so widerlich fett ist …"

„Mal langsam", rafft sich Theo doch noch zu einer Verteidigung auf.

Ricco ist aufgesprungen, will etwas sagen, bringt aber nichts heraus. Die Bierflaschen fallen um, als er davonstürmt.

„Ich hab's nur so gesagt. Der ist schon in Ordnung", erklärt Theo.

„Echt?" Die Dunkelhaarige bläst Rauchkringel in die Luft.

„Echt", sagt Theo.

3. Kapitel: Es gibt nichts Schöneres

Tränen laufen Ricco übers Gesicht. „Widerlich fett" hat die Dunkelhaarige ihn genannt. Er bleibt stehen. Es ist dunkel und regnet schon wieder. Der rotierende Licht-kegel ist ausgeschaltet. Ricco läuft an der Längsseite des *Golden Gate* entlang, bleibt unschlüssig in einer Pfütze im Nirgendwo stehen. Dann geht er zur Rückseite der Disco und schlägt den Kopf gegen die Wand. Sterben, das will er jetzt, sofort. Wahrscheinlich denkt auch Lissi so von ihm: widerlich fett.

„Hör auf, Idiot!" Das ist Theos Stimme und Ricco fühlt sich sofort besser. Er wendet sich um. Vor ihm ste-hen Theo und Lissi. Ja, sie! Riccos Herzschlag beschleu-nigt sich.

Lissi nimmt seinen Arm. „Heul nicht, Kleiner", sagt sie. Sie wischt ihm mit etwas über das Gesicht.

„Wir gehen jetzt in die Stadt zurück." Theos Stimme ist brüchig und rau.

„Du kannst doch gar nicht mehr gehen. Komm, ich nehme deinen Rucksack, sonst verlierst du den noch." Lissi reißt Theo den Rucksack aus den Händen.

„Nee, lass mal, das mach ich", sagt Ricco. Mädchen lässt man doch keinen Rucksack schleppen.

Lissi will ihn nicht hergeben, doch bald hat er ihn ihr abgenommen. Der kleine Kampf mit ihr macht ihn glück-lich. Er atmet den Duft ihres Parfüms ein: Vanilleeis.

„Pass gut auf, da ist 'ne Menge Geld drin!", schreit Theo und wankt voran.

„Du bist so was von süß, Kleiner", sagt Lissi, nimmt Riccos Hand und schiebt sie unter ihren Pullover. Ricco fühlt ihre zarte, warme Haut. Ganz behutsam streichelt er sie.

„Da", sagt sie und drückt ihm etwas in die Hand. Es fühlt sich an wie eine Tablette.

„Was ist das?"

„Irgendwas halt. Schluck's runter. Ich glaub, es ist ein Benzo*."

„So 'n Beruhigungsmittel?"

„Ist doch egal, Mann."

Und da tut er es. Er schluckt es einfach runter. Weil es von Lissi ist. Lissi duftet nach Vanilleeis vom Italiener. Drei Kugeln sanft dahinschmelzendes Eis mit einem Sahnehäubchen darauf.

Seine Hand liegt noch immer auf ihrem Bauch und er weiß nicht genau, was er machen soll. Theo wüsste es bestimmt, aber Ricco fühlt sich hilflos. Noch nie hat ein Mädchen ihn angemacht, geschweige denn sich von ihm berühren lassen.

„Danke, Lissi", sagt er so leise, dass sie es wahrscheinlich nicht hört. Wenn man sich liebt, küsst man sich doch. Jetzt hat er das Piercing an ihrem Bauchnabel erreicht. Wie soll er sie küssen? Auf keinen Fall will er Lissi erschrecken. Er will sich unbedingt richtig verhalten. Sie ist so zart und freundlich.

Ihr Gesicht schiebt sich an seins heran. Heiß und glühend liegt es jetzt direkt auf seiner Wange, ihre Lippen tasten sich hinüber zu seinen und irgendwie wandert ihre Zunge in seinen Mund. Es fühlt sich anders an als Vanilleeis, tausendmal besser. Ricco weiß, dass er nicht weinen darf, und weint trotzdem. Es gibt nichts Schöneres, als hier im Regen so nah bei Lissi zu sein.

„Würdest du mich retten, wenn ich in Lebensgefahr wäre?", fragt Lissi plötzlich. Sie ist einen Schritt zurückgetreten und sieht ihn ernst an.

„Auf jeden Fall."

„Also wenn wir mit dem Schiff unterwegs wären und ich von Bord stürzen würde. Ich kann ja nicht besonders gut schwimmen."

„Ich würde sofort hinterherspringen und dich retten."

„Das hab ich auch erwartet", sagt sie.

„Ich glaube, ich würde alles für dich tun", murmelt er und streichelt immer noch ihren Bauchnabel mit dem Piercing.

„Du", sagt Lissi und macht eine Pause. „Du, hol mir ein paar Scheine aus Theos Rucksack."

„Ich kann doch nicht meinen Freund beklauen", sagt Ricco. Er ist wie betäubt.

„Natürlich kannst du." Lissi lacht. Es ist ein hartes, fremdes Lachen, das überhaupt nicht zu ihr passt. „Du liebst mich schließlich, oder?"

Völlig verdattert versucht Ricco nachzudenken. Er versteht nicht, warum sie so etwas von ihm verlangt.

„Ach Ricco", murmelt sie leise und verzweifelt.

Er lässt sie los, zieht den Reißverschluss von Theos Rucksack auf und greift drei Scheine heraus, einen Zehner und zwei Zwanziger. Die gibt er ihr.

„Noch mal", flüstert sie. Sie presst ihr Gesicht an seins und küsst ihn.

„Das kann ich nicht", sagt er. Sein ganzer Körper brennt. Warum hat er die Scheine gestohlen? Theo braucht sie doch für den Dealer. So benebelt er auch ist, Ricco weiß genau, dass er das Geld nicht hätte nehmen dürfen.

„Hast du noch Kohle?", fragt Lissi.

„Zwanzig Euro", antwortet Ricco.

„Gib her!"

„Wofür brauchst du die?"

„Brauch ich halt."

Ricco zieht sein Portemonnaie hervor und gibt ihr den Schein. Es ist alles, was er noch hat, sein Geld für die ganze nächste Woche, für Bus, Schwimmbad und Essen.

Lissis Augen glänzen. „Also, ich geh jetzt mal", sagt sie und wendet sich um zum Eingang des *Golden Gate*.

„Ich dachte, wir wollen nach Hause", wendet er ein.

„Ich kauf mir noch was", sagt sie. „Dauert 'ne Weile. Geh schon mit Theo zurück."

„Was? Was willst du kaufen?", fragt er und weiß es im selben Augenblick. Angst steigt in ihm auf. Angst um Lissi. Sie soll das nicht kaufen. Es kann nur Kokain* sein, Koks, das weiße Pulver.

Sie lacht das harte Lachen, das nicht zu ihr gehört. „*Das* eben", sagt sie. „Es gibt nichts Schöneres."

4. Kapitel: Streit im Maultaschenhaus

Es wird langsam hell, als Theo vor der Metzgerei Leberle steht, dem Eckhaus mit dem hohen Giebel. Die Metzgerei nimmt das gesamte Erdgeschoss des denkmalgeschützten Fachwerkbaus am Marktplatz ein. Seit über zwei Jahrhunderten ist das Maultaschenhaus ein Gasthof mit Metzgerei im Besitz der Familie Leberle. Johann Wolfgang Goethe hat auf dem Weg zu seiner Schwester hier übernachtet und Maultaschen verzehrt. Eine Bronzeplakette neben dem Eingang der Metzgerei erinnert daran. Vor dem Schaufenster, in dem tagsüber die Auslagen zwischen einem Schweinekopf aus Plastik und Gemüsedekoration zu bewundern sind, ist die metallene Jalousie heruntergelassen, ebenso wie vor der Ladentür.

Theo zieht die Luft durch die Nase ein, als er an der Seite des Eckhauses Licht im Wohnzimmer seiner Eltern schimmern sieht. Die werden doch nicht etwa auf ihn gewartet haben. Hoffentlich ist es nur seine Mutter. Sollte auch sein Vater, Theodor Drei, auf ihn warten, kann es nur Ärger geben.

Plötzlich denkt Theo wieder klar. In der Hand hält er den Rucksack, in dem sich außer seinen Einnahmen noch zwei Wodka-Orange-Flaschen befinden. Wäre vielleicht besser, das Haus gar nicht zu betreten, sondern sich zu Ricco zu verdrücken. Andererseits muss er dringend aufs Klo. Ja, da wird er hingehen und sich erst einmal einschließen.

Die Toilette befindet sich am Treppenabsatz, außerhalb der Wohnung. Keine tolle Lösung für die Bewohner, aber der Denkmalschutz bestimmt es so. Vermutlich hat Goethe schon auf diesem Klo zwischen den Stockwerken gesessen und dabei gedichtet. Insgesamt hat das Haus drei Toiletten: eine unten für die Angestellten der Metzgerei, eine für die Bewohner im ersten Stock, die Metzgerfamilie Leberle, und dann eine weitere, eine Etage höher, für die Mieter im zweiten Stock.

Behutsam schließt Theo die Tür des Seiteneingangs auf und schleicht die Holztreppe hoch, die unter jedem seiner Schritte knarrt. Schweißgebadet erreicht er endlich die Toilette und schließt zweimal hinter sich zu. Gerettet.

Mit einem Seufzer der Erleichterung setzt Theo sich nieder und durchwühlt seinen Rucksack auf der Suche nach seinem Geldbeutel.

Die Kasse muss stimmen, sagt sein Vater immer. Ausgeschlossen, dass jemand sich einen Euro aus der Kasse leiht. Denn in jedem Moment kann eine Kontrolle kommen. Und wenn dann die Kasse nicht stimmt, ist das aus irgendeinem Grund, den Theo nie durchschaut hat, ganz schlimm.

Theo zählt seine Scheine. Er zählt sie ein zweites Mal. Und dann ein drittes Mal. Ist er so hacke, dass er nicht mehr zählen kann? Oder fehlen tatsächlich fünfzig Euro? Erst mal schlafen, denkt sich Theo. Einen Kaffee trinken. Und dann noch mal ganz ruhig nachzählen. Alles wird gut.

Theo erhebt sich und lässt die Spülung rauschen. Er presst den Rucksack an sich und öffnet die Tür. Das Haus duftet nach Putz- und Desinfektionsmitteln. Nach Ordentlichkeit und Hygiene.

Er schleicht die Treppe hoch. Er will in sein Bett und endlos lange schlafen. Während er sich noch das Bett vorstellt, das Kopfkissen, die Decke, den Plüschaffen auf dem Bord darüber, hört er Schritte herunterpoltern. Die schweren Schritte seines übergewichtigen Vaters. Theodor Leberle, ein breitschultriger Riese mit zurückgekämmtem dunklen Haar, hat Arbeitskleidung an: weiße Hose, weißer Kittel und Metzgerschürze.

Oh Gott, das Feuerwehrfest! Jetzt fällt Theo ein, warum Isabel und Theodor Leberle um diese Zeit wach sind. Seine Eltern wollen zum Arbeitsraum im Erdgeschoss hinter dem Verkaufsraum, um Leberkäse, Schnitzel, Würste und Kartoffelsalat vorzubereiten. Und ab elf Uhr, also in wenigen Stunden, das hatte er versprochen, soll er mit seinem Vater zusammen die Kisten mit den Waren ins Festzelt bringen.

Da erblickt Theo Drei seinen Sohn und stößt einen Schrei aus. Gerade so, als sei sein Junior ein Gespenst. „Nein!", brüllt er. „Das kann doch wohl nicht wahr sein!"

„Guten Morgen", murmelt Theo und senkt den Kopf.

„So nehm ich dich nicht mit aufs Feuerwehrfest!", schreit der Metzgermeister und packt seinen Sohn an den Schultern. „Den Friseur, der das gemacht hat, verklag ich!"

„Reg dich nicht auf, Papa!", sagt Theo.

„Das ist Geschäftsschädigung!", schreit nun Mama Isabel mit ihrer dünnen und zugleich durchdringenden Stimme. „Das lassen wir uns nicht gefallen!" Auch sie trägt weiße Arbeitskleidung und hat ihr Haar unter ein weißes Plastikhäubchen gezwängt. Sie hält eine riesige Edelstahlschüssel und einen Spachtel in den Händen. Isabel Leberle ist eine kleine, energische Frau, mager von der vielen körperlichen Arbeit. Theo Vier hat von seiner Mutter nichts zu befürchten, sie lässt nichts auf ihn kommen. Andererseits hält sie meistens zu ihrem Mann, dem Metzgermeister.

„Du siehst ja aus wie ein Ninjakrieger", keucht Theo Drei. „So geht's nicht. Du bist der Junior von Leberle Metzgerwaren, ist dir das klar?"

Wie ein Punk, möchte Theo richtigstellen, lässt es aber. Da zerrt sein Vater ihn schon die Treppe hinauf, vorbei an Mama Isabel. Theo bleibt keine Zeit zu überlegen, was er mit ihm vorhat. Die Wohnungstür fällt hinter ihnen zu. Au Backe, denkt Theo, Mama steht draußen im Flur und hat wahrscheinlich keinen Schlüssel. Ihn packt das Entsetzen. Was wird Theo Drei jetzt mit ihm machen? Dieser Mann mit seinen tellergroßen Händen wird ihn so schnell nicht loslassen. Der Griff ist gnadenlos.

Der Vater zieht ihn über den Läufer im Flur und stößt ihn ins Bad. Theo lässt den Rucksack keine Sekunde lang los. Ohne den Griff zu lockern, dreht der Metzgermeister den Wasserhahn unter der Dusche auf und hält den Kopf seines Sohnes unter den Strahl. Theo schreit auf. Zu heißes Wasser läuft ihm in Mund und Nase. Mit der linken Hand zerrt Vater Leberle an dem blauen Haarbüschel. Glaubt wohl, so auf die Schnelle unter dem Wasserhahn die Farbe rauswaschen zu können, schießt es Theo durch den Kopf.

Theo hustet und würgt. Im Prasseln des Wasserstrahls hört er nicht, was sein Vater ruft und flucht. Das Wasser läuft in sein T-Shirt und durchweicht den Rucksack. Theo tritt mit aller Kraft nach hinten gegen die Beine seines Peinigers und rammt ihm den Ellbogen in den Bauch.

Theodor Leberle lässt los und taumelt rückwärts gegen die Wand. Mit einem Satz springt Theo an ihm vorbei auf den Flur. Seine Mutter, weiß im Gesicht, stürzt ihm entgegen. Theo stößt sie zur Seite und rennt an ihr vorbei. Nur weg hier! Sollen sie sehen, wie sie mit ihrem Leberkäse und Kartoffelsalat allein fertig werden.

„Isa, wie bist du reingekommen?", hört Theo noch im Treppenhaus seinen Vater donnern.

„Ich hab die Tür mit dem Spachtel aufgehebelt. Ich lass meinen Sohn nicht verprügeln!", schreit Isabel Leberle.

So ist sie, denkt Theo Vier und ist fast stolz auf seine Mutter, dass sie die Tür aufbekommen hat. Und jetzt nichts wie weg. Weit weg. Irgendwohin, wo er sich ausschlafen kann. Statt Kaffee wird er erst mal seinen Wodka trinken, den er noch im Rucksack hat.

5. Kapitel: Pedro erfährt alles

Die Regenwolken haben sich verzogen. Die Sonne scheint, es ist warm und alle wollen zum Mittagessen aufs Feuerwehrfest. Ricco hat zwar ein paar Stunden geschlafen, fühlt sich aber trotzdem elend und müde. Lissi – hat er das nur geträumt? Nein, es muss alles so passiert sein. Er kann sich an alles erinnern.

Seine Mutter ist schon ganz früh aufgestanden, um in der Metzgerei Leberle bei den Vorbereitungen zu helfen. Eigentlich wollte sie zusammen mit Ricco und ihrem großen Sohn Pedro um die Mittagszeit im Zelt Schnitzel essen. Aber sie kann erst später kommen, wie sie Ricco am Handy mitgeteilt hat. Wegen Theo Vier. Der habe zu lange gefeiert und seinem Vater nicht beim Austragen der Kisten helfen wollen. Deshalb habe sich alles verzögert.

Ricco bahnt sich seinen Weg ins Festzelt, wo schon zwei Menschenschlangen vor der Essen- und Getränkeausgabe warten. Es riecht nach heißem Fett und Frikadellen. Pfarrer Wissle ist auch da. Ricco grüßt ihn und geht schnell weiter. Der Pfarrer ist sein Religionslehrer und immer, wenn er ihm in der Stadt begegnet, verwickelt er ihn in langatmige Gespräche. Die Musik dröhnt von draußen herein. Auf dem Platz vor dem Zelt dürfen kleine Kinder im Führerhaus des Feuerwehrautos eine Runde drehen.

Ricco holt sich an der Essenausgabe ein Schnitzel und dazu einen großen Becher Limo.

„Nimm noch ein Brötchen für Pedro mit. Er isst immer zwei", sagt Marga Früh und gibt ihrem Sohn eine Extraportion Mayo auf den Teller. „Da drüben sitzt er."

„Ich weiß", sagt Ricco. Ihm ist etwas mulmig zumute. Isabel Leberle steht neben seiner Mutter und gibt Kartoffelsalat aus, ohne ihn wahrzunehmen.

Pedro wartet schon am Tisch neben dem Eingang. Hier hinten sind noch viele Plätze frei. Die meisten Leute sitzen lieber weiter vorne, weil sie da den Blick auf die Bühne haben. Der Bürgermeister hält gerade eine Ansprache. Danach spielt die Feuerwehrkapelle, die sich im Hintergrund aufgebaut hat.

Pedro hat eine Bügelfaltenhose, ein Jackett und sogar eine Krawatte an. Pedro ist perfekt. Ein Mann Anfang zwanzig, der aussieht wie dreißig, nicht zu groß, nicht zu klein. Kein Gramm Übergewicht und doch nicht hager. Unauffällig, aber elegant gekleidet, unauffälliger Haarschnitt. Dunkelblond, braune Augen.

Pedro ist sechs Jahre älter als Ricco, wohnt im Nachbarort und arbeitet in einem Reisebüro. Ricco hat immer ein bisschen Herzklopfen, wenn sein älterer Bruder sich mit ihm trifft. Jedes Mal fragt er Ricco aus und interessiert sich für jede Kleinigkeit. Sogar zum Zahnarzt hat er ihn schon geschickt. Pedro bekommt immer alles raus. Er hat Freunde, die ihm Sachen über Ricco erzählen.

Ricco hat ein gebügeltes Hemd angezogen, nur wegen Pedro, und ziemlich viel Deospray auf sich verteilt.

Pedro, an dem alles zu stimmen scheint, sieht Ricco an, als ob alles an ihm falsch wäre. Sein Blick wandert auf Riccos ungeschnittene Fingernägel und trübt sich ein. „Die musst du mal wieder schneiden und du musst endlich abspecken", sagt er statt einer Begrüßung. „Trink Wasser statt Limo." Er sieht aus, als hätte er nicht viel Zeit und als ärgere er sich über etwas.

„Ja, ja", murmelt Ricco.

„Wie geht es Mama?"

„Wie immer. Sie hat halt Stress und nimmt dauernd die Tabletten. Hat ihr der Arzt verschrieben."

„Sag ihr doch, dass sie das lassen soll. Jeden Tag Valium* ist nicht gut. Kein normaler Mensch macht das, nur Mama."

Ricco rutscht unruhig auf der Bank hin und her. Soll Pedro ihr das doch selbst sagen. Die Limo schmeckt ihm nicht mehr, weil Pedro bei jedem Schluck, den er nimmt, kritisch die Augenbrauen zusammenzieht. Es macht ihn immer traurig, wenn sein Bruder an ihrer Mutter herummäkelt.

„Bald geht es mit den Prüfungen in der Schule los", sagt Ricco.

„Bist du aufgeregt?", will Pedro wissen.

„Ja, ziemlich", gibt Ricco zu. „Ich hab Angst, dass mir bei der Prüfung schwarz vor Augen wird und ich überhaupt nichts mehr weiß."

„Aber du hast ziemlich gute Noten in allen Fächern. Damit kannst du auf die Fachoberschule."

„Schon, aber bei der Prüfung vermassele ich es bestimmt."

Pedro scheint darüber nachzudenken. Er legt Messer und Gabel nieder und schweigt.

„Kannst du mir fünfzig Euro leihen?", fragt Ricco.

Pedro sieht ihn an. „Brauchst du neue Sachen für die Prüfung?"

Daran hat Ricco noch überhaupt nicht gedacht, nur daran, dass er Theo so schnell wie möglich das Geld zurückgeben muss.

„Kauf dir eine gute Bügelfaltenhose und ein helles Hemd. Hast du noch ein Jackett?"

„Nur ein altes, das mir nicht mehr passt." Ricco fühlt sich unter Pedros Blicken immer unbehaglicher. „Alle meine guten Sachen sind inzwischen zu eng."

„Na ja, du wächst halt."

Sie essen beide weiter, aber Ricco schmeckt es nicht. Pedro sieht ihn dauernd an. Dann verfinstert sich sein Gesicht. „Jemand hat mir erzählt, dass du mit Lissi zusammen im *Golden Gate* warst."

Ricco läuft rot an. Irgendwie ist er plötzlich stolz, dass es sich so schnell bis zu Pedro herumgesprochen hat.

„Jetzt hör mal gut zu", sagt Pedro. „Lissi macht es mit jedem und sie macht es für Geld. Ich hoffe, du weißt das."

„Das ist nicht wahr!", stößt Ricco hervor. Lissi macht es nicht mit jedem. Lissi hat ihn geküsst.

„Lissi ist eine Schlampe", sagt Pedro leise und sieht ihn eindringlich mit seinen dunklen Augen an. „Lass dich nicht noch mal mit ihr zusammen sehen! Verstanden?"

Ein Krümel kratzt in Riccos Hals. Er muss husten und würgen. Pedro klopft ihm nicht auf den Rücken. Er sieht nur zu und widmet sich dann dem Rest seines Schnitzels.

Plötzlich legt er die Gabel zum zweiten Mal nieder und mustert Ricco. „Und dass du mir keine Drogen anrührst! Den Typ, der dir was verkauft, lass ich hochgehen."

Ricco lässt die Gabel fallen.

Mit einer schnellen Bewegung fasst Pedro zu ihm hinüber und zieht aus seiner Hemdtasche ein Päckchen mit Gras hervor. Er muss so etwas wie ein Hellseher sein, denkt Ricco. Tränen schießen ihm in die Augen.

„Woher hast du das? Wer hat dir das gegeben?", fragt Pedro. Ricco könnte vermutlich jeden Menschen auf Erden anlügen. Sogar seine Mutter. Sogar Lissi. Aber Pedro nicht. Pedro ist in Riccos Leben die Instanz, die gleich nach Gottvater kommt.

Pedro hält das Päckchen in der Hand und sieht aus, als wolle er gleich zuschlagen. Das tut er manchmal, wenn er sich sehr über Ricco ärgert.

„Ist es von Lissi?", fragt Pedro. Seine Hände ballen sich auf dem weißen Papiertischtuch zu Fäusten.

„Von Theo", flüstert Ricco unter Tränen. „Es tut mir so leid."

„Dem geh ich an die Gurgel!", sagt Pedro. „Der kann sich auf was gefasst machen!" Er ist aufgesprungen und schaut um sich, als wolle er Theo sofort eine Abreibung verpassen.

6. Kapitel: Der Druffi

Die Sonne scheint Theo ins Gesicht. Neben ihm klingelt etwas und will nicht aufhören. Theo richtet sich auf, ihm wird schwindlig. Warum sitzt er eigentlich auf dieser Bank unter einem Baum auf dem Kinderspielplatz? Was für ein Tag ist heute? Warum ist es so still?

Er starrt auf den Sandkasten ihm gegenüber. Eine rote Plastikschaufel und ein grünes Holzauto liegen darin.

Samstagmorgen, überlegt Theo. Wahrscheinlich Samstagmorgen.

Es klingelt immer noch.

Das muss sein Handy sein. Er greift in die Tasche seiner Jeans, um es abzustellen. Sein Kopf tut grausam weh, ihm ist immer noch schwindlig. Theo schaut an sich hinunter. Die Hose ist ziemlich schmutzig und ihm fehlt der rechte Turnschuh. Er lässt den Blick umherschweifen und greift unter die Bank. Der Schuh ist unauffindbar. Die Haut in seinem Gesicht fühlt sich komisch an.

„Jibinho", murmelt Theo. Er holt sein Handy aus der Hosentasche, um es als Spiegel zu benutzen und zu sehen, was mit seinem Gesicht passiert ist. Jibinho, Jibinho, es ist ganz vollgemalt mit schwarzem Edding und auf der Stirn steht *Druffi**.

„Ich bin kein Druffi!", schreit Theo in die Stille. Eine Taube über ihm im Baum flattert erschrocken auf.

Theo versucht sich zu erinnern, aber er bekommt nicht mehr zusammen, was passiert ist. Er ist unglaublich müde und viel zu kaputt, um nach Hause zu laufen. Hat er eigentlich noch die Mundharmonika? Theo sucht seine Hosentaschen ab. Ja, da ist sie. Er hält sie kurz an den

Mund und entlockt ihr ein paar Töne. Das Jibinho-Lied funktioniert noch. So, jetzt muss er nach Hause, um sich in sein Bett zu legen und auszuschlafen.

Theo macht sich auf den Weg. Unterwegs begegnen ihm Kinder mit Luftballons in den Händen. Sie lachen und zeigen mit dem Finger auf ihn. Jemand ruft: „Druffi!"

Von irgendwoher ist Blasmusik zu hören.

Jibinho, denkt Theo und sein Herz klopft heftig. Seine Beerdigung und die ganze Stadt geht hin. Plötzlich weiß er wieder alles. Drüben auf dem Marktplatz ist ein Festzelt aufgebaut. Seine Eltern geben Leberkäse und Kartoffelsalat aus, weil ihr Sohn Theo beerdigt worden ist. Er ist ein Zombie auf dem Weg zum Maultaschenhaus.

Aber da war noch etwas anderes. Etwas sehr Ärgerliches. Theo greift nach seinen Haarsträhnen, die schlaff, ohne Gel, über den rasierten Schädel fallen. Er lehnt sich an eine Hauswand und holt nochmals sein Handy hervor. Lange schaut er auf die spiegelnde dunkle Fläche, bis es ihm dämmert. Sein Vater war unglaublich wütend auf ihn. Wegen seiner neuen Frisur. Und weil er ihn beim Feuerwehrfest im Stich gelassen hat.

Es ist doch nicht seine Beerdigung, sondern das Feuerwehrfest! Theo geht in die Hocke, holt sein Portemonnaie aus dem Rucksack und zählt und zählt. Je öfter er die Scheine und Münzen in die Hand nimmt und zählt, desto klarer werden seine Gedanken. Fünfzig Euro fehlen und er muss am Montag Wassili das Geld für die verkauften Teile aushändigen.

„Beerdigung", murmelt Theo, „das wird doch noch meine Beerdigung. Der Pfarrer wird rufen: Weinen Sie nicht! Er war ja nur ein Druffi! Er war nur ein Druffi und den

Turnschuh hat er nie mehr gefunden." Theo schluchzt auf, so leid tut er sich in diesem Moment. Aber mein Patenonkel, Onkel Ignaz, mit schwarzem Anzug und schwarzer Krawatte, wird den Pfarrer mitten in seiner Rede unterbrechen: Ich glaube nicht, dass mein Neffe ein Druffi war. Er wird es mit seinem schweizerischen Akzent sagen, weil er schon seit zwei Jahrzehnten in einem kleinen Ort in der Schweiz lebt, wo er Schulleiter ist. Immer wenn er zu Besuch nach Marklingen kam, hat er Theo, seinem Patenkind und einzigen Neffen, Holzspielzeug oder dicke Bücher mitgebracht.

Theo reißt die Augen auf. Ganz deutlich hat er seinen Onkel gehört. Ein Auto fährt langsam über die Straße. Kein Pfarrer ist zu sehen und Onkel Ignaz auch nicht.

Ich will kein Druffi sein, durchfährt es Theo. Und ich muss die fünfzig Euro zurückkriegen und meinen Turnschuh finden! Ihm ist schon wieder hundeübel. Er fühlt sich zu elend, um aufzustehen. Ich könnte vielleicht nach Hause kriechen, überlegt er. Aufstehen ist zu schwierig. Kriechen ist einfach. Wenn er kriecht, sieht auch niemand mehr das Wort *Druffi* auf seiner Stirn und vielleicht fällt dann auch der fehlende Turnschuh nicht auf.

Theo macht sich wieder auf den Weg. Wie eine riesige Raupe windet er sich über den Bürgersteig. Außer ihm ist hier kein Mensch unterwegs. Alle sind auf dem Festplatz beim Feuerwehrfest.

7. Kapitel: Nichts als Sorgen

Isabel Leberle hat aufgehört, die Kartoffelsalatportionen zu zählen, die sie ausgibt. Sie nimmt die Leute, die vor ihr auftauchen, nicht wahr, obwohl die meisten Kunden sind, die mindestens einmal die Woche in der Metzgerei einkaufen. Die Blasmusik im Zelt ist ihr viel zu laut.

Isabel Leberle muss ununterbrochen an Theo denken. Wo der Junge nur steckt? Es ist nicht normal, dass er weggeblieben ist. Auf Theo kann man sich verlassen. Wenn er etwas versprochen hat, hält er es. Jedenfalls im Großen und Ganzen. Fast immer. In letzter Zeit hat ihr armer Sohn zu viel Stress in der Schule. Er hat sich verändert. Liegt sicher daran, dass er sich auf die Abschlussprüfungen vorbereiten muss. Die sind heutzutage viel schwerer als zu ihrer Zeit. Das Lernen fällt Theo nicht so leicht wie Margas Sohn Ricco.

Theos Mutter wirft einen Blick auf Marga Früh, die die Schnitzel auf der Bratfläche wendet. Die Aushilfe für den Imbiss in der Metzgerei Leberle ist eine übergewichtige, blasse Blondine, jünger als Isabel Leberle. Sie ist mit ihren beiden Söhnen aus dem Osten Deutschlands nach Süddeutschland gezogen, nachdem ihr Mann sie verlassen hatte. Um den Großen, Pedro, muss sie sich keine Sorgen machen, der steht schon auf eigenen Beinen. Ricco ist zwar ehrgeizig und schreibt gute Noten, aber manchmal kann er nicht in die Schule gehen, weil er so traurig ist. Richtige Depressionen* müssen das sein, denkt Isabel. Dann liegt er auf dem Bett und kann nur noch weinen. Ein Glück, dass es ihrem Theo besser geht. Dumm nur, dass er seit zwei Jahren Vegetarier ist. Ihrem Mann ist das gar nicht recht. Das ist kein Familienleben, wenn jeder ein extra Essen will, beklagt er sich, wenn sie Theo seine Tofustücke und Grünkernbratlinge zubereitet. Sie findet ja, dass man den Jungen lassen soll. Irgendwann wird er schon vernünftig werden, spätestens in der Metzgerausbildung wird er wieder Lust auf gesunde Sachen bekommen. Fleisch ist ein Stück Lebenskraft, sagt Theo Drei, ihr Mann, jeden Tag, und recht hat er.

Isabel Leberle legt den Schöpflöffel auf das Küchentuch und geht einen Schritt auf Marga zu. „Hast du Ricco heute schon gesprochen?"

„Na klar", sagt Marga. „Da drüben sitzt er doch und unterhält sich mit dem Großen. Er war vorhin hier und hat Essen geholt."

„Ich bin so fertig von der Arbeit heute Nacht", murmelt Isabel. „Ich hab ihn nicht gesehen. Hat er etwas von Theo gesagt?"

„Von Theo?"

„Na ja, von Theo Vier halt."

„Der wird seinen Rausch ausschlafen", meint Marga.

„Sonst ruft er mich immer an", sagt Isabel.

„Vielleicht hat er deinen Mann angerufen."

„Nie im Leben." Isabel hält Ausschau nach Theo Drei. Aber der ist draußen am Kühlwagen, um Nachschub zu holen. „Wenn Ricco wiederkommt, dann frag ihn bitte, ob er weiß, wo Theo steckt."

„Ist er in der Nacht nicht nach Hause gekommen?"

„Er ist wieder weggegangen", murmelt Isabel. Doch das ist nicht die ganze Wahrheit.

Marga sieht heute fünf Jahre jünger aus als sonst. Immer wenn ihre beiden Söhne zusammen sind, blüht sie sichtlich auf. Sie freut sich, dass Pedro sich um seinen jüngeren Bruder kümmert. Er lernt sogar Mathe mit ihm und steckt ihm Geld zu. Ein Glück, dass die beiden sich so gut verstehen.

Der Metzgermeister schiebt sich durch den Zelteingang.

„Isa", sagt er. „Der Kartoffelsalat ist alle. Nächstes Jahr machen wir ein Drittel mehr."

„Man weiß es eben nie vorher. Wenn es regnet, kommen weniger Leute." Isabel Leberle starrt in die fast leere Schüssel. „Ich glaub, ich geh nach Hause und leg mich schlafen."

„Tu das. War ein harter Tag für dich." Der Metzgermeister weiß den Einsatz seiner Frau zu schätzen. „Schlaf dich aus. Mit dem Aufräumen werden Marga und ich allein fertig."

Es ist ihr eigentlich nicht recht, wenn er und Marga allein aufräumen. Am Ende kommt es noch so weit, dass er mit Marga eine Runde Autoscooter fährt. Isabel seufzt, zieht die Schürze aus und verstaut sie auf der Ablage unter dem Tisch bei den anderen schmutzigen Sachen. Isabel ist zu müde, um nach Ricco und Pedro im Festzelt Ausschau zu halten. Sie bahnt sich den Weg an den Besuchern vorbei über am Boden verlegte Kabel, an den aufgestellten Klokabinen, am Autoscooter entlang, durch Popcornduft. Früher ist sie leidenschaftlich gerne mit Theo Drei Autoscooter gefahren.

Am Maultaschenhaus angekommen sucht sie erst einmal nach ihren Schlüsseln. Hat sie die etwa im Festzelt liegen lassen? Um Himmels willen, was sollen Marga und Theo Drei von ihr denken? Aber dann hat sie sie

36

schon gefunden. Vielleicht ist ihr Sohn ja längst zu Hause, liegt in seinem Bett und schläft sich einfach nur aus. Was für ein Glück, dass ihr Theo ein robuster Junge ist. Selbst der Ärger heute Nacht wegen seiner neuen Frisur ist jetzt bestimmt vergessen. Zum Glück nimmt er die Dinge nicht so ernst wie Ricco Früh.

Sie hastet die Treppe hoch. Die Müdigkeit ist verflogen. Erst wird sie ihrem Theo etwas zu essen machen und ihm sagen, dass sein Vater alles nicht so gemeint hat. Sie sind auch ohne seine Mithilfe auf dem Fest ganz gut zurechtgekommen. Und dass er sich nach dem Streit nicht getraut hat, seinem Vater unter die Augen zu treten, ist ja verständlich.

Im Wohnungsflur bleibt sie stehen und atmet tief durch. Theo Drei ist in den letzten Wochen in keiner guten Verfassung gewesen. Das hängt mit den Prämierungen der Landwirtschaftskammer zusammen. Drei Jahre hintereinander hat er für die Mettwurst das goldene Siegel bekommen und dieses Jahr nicht mal das silberne, sondern nur das bronzene, obwohl er nichts an der Rezeptur verändert hat. Nachdem die Wurst immer das goldene Siegel hatte, kann man jetzt das mit dem bronzenen natürlich nicht einmal mehr laut sagen.

Er war so wütend, dass er die Urkunde zurückgeben wollte. Isabel konnte das gerade noch verhindern. „Alles aus! Ich mach den Laden zu!", hat er ein paar Tage lang geschrien und getobt, aber inzwischen hat er sich wieder halbwegs beruhigt. Du lieber Gott, denkt Isabel, vielleicht fährt er mit Marga später eine Runde Autoscooter, damit er sich besser fühlt. Der Gedanke regt sie auf.

„Theo!", ruft Isabel. „Theo!"

Sie reißt die Tür zum Zimmer ihres Sohnes auf. Leere Pizzakartons, ausgebeulte Plastikflaschen, zerfledderte Schulhefte quellen ihr entgegen. Isabel Leberle starrt in das Chaos aus zusammengeknüllten Pullovern, T-Shirts und schmutzigen Boxershorts.

Ach, ihr armer Theo muss unmenschlich viel lernen. Deswegen sieht es hier so aus. Sie wird jetzt aufräumen, wenn er schon nicht da ist. Dann hat er es wieder schön und fühlt sich bestimmt besser. Sie wird das Bett frisch beziehen.

Aus der Lücke zwischen Bett und Wand zieht Isabel Leberle eine Menge an längst verloren geglaubten Einzelsocken hervor. Lohnt sich ja richtig. Zwischen all den Socken stecken drei Flaschen aus dickem Glas mit blauer Beschriftung. *Wodka Brüderchen*, liest Isabel. Die Flaschen sind bis auf ein paar Tropfen leer.

Aber wer trinkt denn so etwas? Das ist hochprozentiges Zeug, davon würde ja selbst einem Erwachsenen schlecht. Theo Drei trinkt abends ein Viertel Wein oder ein Bier. Sie auch manchmal, aber nicht mehr, weil sie es nicht verträgt. Isabel setzt sich auf das Bett ihres Sohnes und denkt nach. Wahrscheinlich bringt Ricco Früh solche Sachen mit, wenn er Theo besucht. Dem würde sie das zutrauen. Die Frühs kommen schließlich aus dem Osten. Im Osten trinken sie so was. Sie wird die Flaschen gleich nachher zum Altglascontainer bringen.

Warum war sie so lange nicht mehr in diesem Zimmer? Den Vorwurf macht sie sich jetzt. Jede Woche hätte sie einmal nach dem Rechten sehen müssen, dann sähe es hier besser aus. Sodom und Gomorrha, schießt es ihr durch den Kopf. Weil sie sich nicht gekümmert hat.

Sie erhebt sich und krempelt die Ärmel ihrer Bluse hoch. Hier ist einiges zu tun. Sie sammelt Schulbücher vom Boden auf und stapelt sie auf dem Schreibtisch, wo sie hingehören. Der Teppichboden ist voll mit Flecken von zertretenen Tintenpatronen. Da muss sie mit einem Fleckenlöser drangehen. Das wird sie nächste Woche tun, wenn Theo in der Schule ist.

Sie kniet sich auf den Boden und zieht Pizzakartons, Limoflaschen, ausgedrückte Tablettenblister unter dem Bett hervor. Isabel hält inne. Hustenblocker*, wozu denn die? Ihr Theo hat doch gar keinen Husten. Das wäre ihr aufgefallen. Warum liegen so viele Packungen Hustenblocker unter dem Bett? Ihre Hände zittern. Plötzlich ist sie wieder sehr müde. Theo geht es schlecht, er ist krank und hat es ihr nicht gesagt. Oder Ricco ist krank. Der ist doch Allergiker, das wird es sein. Gegen seine Allergien muss er Hustenblocker schlucken und wirft die ausgedrückten Packungen einfach so bei Theo unters Bett. Na, dem wird sie was erzählen, wenn er ihr wieder unter die Augen kommt!

Seufzend zieht sie eine Plastiktüte zu sich heran. Vermutlich nasses Badezeug, das Theo einfach unters Bett geschoben hat. Aber so sind die Jungen in dem Alter nun mal. Man hört das immer wieder. Deswegen ist es ja auch gut, dass sie hier endlich einmal aufräumt. Sie öffnet die Plastiktüte. Nichts drin außer einem Frischhaltebeutel mit buntem Zeug. Pillen in Pastellfarben. Sie betastet den Beutel von außen und starrt die kleinen Dinger in Rosa, Hellblau, Hellgelb und Weiß, mit Kerben und mit kleinen eingeprägten Symbolen, an. Sie weiß, was sie da in den Händen hält. Ecstasy, so sieht das Zeug aus. Sie hat in der Apothekenzeitung einen Bericht mit Abbildungen darüber gelesen. Lebensgefährlich! Viele junge Leute schlucken das auf Partys.

„Partydrogen*", murmelt Theos Mutter. „Dreck."

Wieder muss sie sich auf das Bett ihres Sohnes setzen. Ihre Hände zittern, ihre Beine zittern.

Und so einen Dreck frisst ihr Sohn. Er, der Vegetarier, der keine Wurst aus dem Geschäft seiner Eltern mehr anrührt, aber nichts dabei findet, Hustenblocker und Ecstasy wie Bonbons zu lutschen. Und Wodka trinkt er dazu. Sie hat es schlagartig begriffen. Der soll ihr noch einmal etwas über gesundes Essen erzählen!

Sie starrt auf den Stapel Pizzakartons und den befleckten Teppichboden und muss an ihren Mann denken, der schon so fix und fertig ist, weil er den Ärger mit dem Bronzesiegel hat. Wenn sie ihm sagt, was los ist, bekommt er einen Herzinfarkt. Er hat nämlich viel zu viel Cholesterin im Blut, hat der Arzt festgestellt. Das ist gefährlich.

„Oh, mein Gott", seufzt Isabel Leberle. Sie kann nicht weinen. Sie muss etwas unternehmen, um ihren Sohn zu retten. Dann kommen ihr doch die Tränen. Genau genommen muss sie nun beide Theos retten: Theo Drei und Theo Vier. Mach was, Isabel, du musst etwas tun! Du musst jetzt das Richtige tun. Du darfst keinen Fehler machen. Wie Untertitel im Fernsehen sieht Theos Mutter diese Sätze vor sich.

„Ich schaff das nicht", murmelt sie.

8. Kapitel: Pedro dreht durch

„Das hört sofort auf!", schreit Pedro.

Ricco und er stehen hinter dem Zelt und schauen auf die Rückseite der mobilen Klokabinen.

„Ich hab fast nichts geraucht", stammelt Ricco.

„Ich erzähl es Mama!", tobt Pedro weiter. Seine Krawatte ist verrutscht.

„Das tust du nicht!" Riccos Stimme überschlägt sich. Ihre Mutter hat es schon schwer genug. Immer zu wenig Geld, immer zu viel Arbeit.

„Und außerdem geh ich zur Polizei. Ich zeig dieses Schwein an. Du bist erst sechzehn. Und diese Schlampe Lissi zeig ich an wegen Verführung Minderjähriger."

Ricco ist so fertig, dass ihm die Knie schlottern. Pedro wird es tun, er wird sein ganzes Leben ruinieren und meint es dabei noch gut mit ihm.

„Du hast mich enttäuscht. Ich hab mehr von dir erwartet." Pedro stampft mit dem Fuß auf. „Ich war mal stolz auf meinen Bruder. Das ist jetzt vorbei."

„Ich schwör dir …" Ricco würde jetzt alles schwören. Pedro darf auf keinen Fall zur Polizei gehen und Theo und Lissi anzeigen. „Sie hat mich nicht verführt", schluchzt Ricco.

„Ich hab eine Verantwortung. Einer muss sich ja um dich kümmern." Damit stürmt Pedro davon.

Ricco geht ganz langsam in die Knie und setzt sich auf den Boden hinter dem Festzelt. Niemand beachtet ihn. Das ist ihm auch lieber. Durch die Lücke zwischen zwei Klokabinen sieht er seine Mutter Hand in Hand mit Theo Drei zum Autoscooter gehen. Auch das noch! Aber darauf kommt es jetzt auch nicht mehr an. Mama wird ihren Job bei Leberles in der Metzgerei verlieren, wenn herauskommt, dass er Theo Vier verpfiffen hat. Was wird die Polizei überhaupt mit Theo machen? Muss er in den Knast, weil er gedealt hat? Ricco überläuft es kalt. Vielleicht fliegt er von der Schule und kann seinen Abschluss nicht machen. Und er, Ricco, ist daran schuld. Er hat Theo das ganze Leben versaut. Theo wird ihn hassen, wenn er erfährt, was passiert ist. Und Lissi? Lissi wird sich nie wieder mit ihm treffen. Lissi wird ihn nur noch verachten. Sie wird ihn nie wieder küssen und ihn nie wieder unter ihren Pullover greifen lassen.

Und er? Er wird die Prüfung mit guten Noten bestehen, während Theo im Knast sitzt und Lissi jeden Tag ausspuckt, wenn er an ihr vorbeigeht. Und Mama wird am Küchentisch sitzen und weinen, weil sie ihren Job verloren hat und keinen neuen findet.

Er ist an allem schuld. Ricco würgt vor Verzweiflung. Schuld, weil er zu dick ist und immer die falschen Sachen macht. Und es wird sich nie ändern. Die guten Noten nützen ihm überhaupt nichts. Jetzt hat er sogar seine Mama ruiniert.

Es gibt kein Mittel, mit dem er Pedro umstimmen könnte. Pedro ist gnadenlos, er lässt sich von seinen Zielen nicht abhalten. Er zieht alles durch, was er sich in den Kopf gesetzt hat.

Was bin ich schon?, denkt Ricco. Ich bin doch nur ein Stück Dreck, ein erbärmliches Stück Dreck. Er versucht sich Lissis Gesicht und den Duft ihres Körpers, ihres Haars vorzustellen. Wenn sie jetzt bei ihm wäre, würde er versuchen, ihr alles zu erklären. Und vielleicht würde

sie ihm zuhören und es verstehen. Plötzlich lächelt Ricco
durch seine Tränen hindurch. Lissi hat ihn geküsst. Das
kann ihm keiner mehr nehmen.

9. Kapitel: Und weg damit

Sie muss den Drogendreck aus der Wohnung schaffen. Diese bunten Dinger, die so harmlos aussehen, müssen sofort weg. Ins Klo? Nein, das wäre Umweltverschmutzung. Isabel Leberle steckt die Klarsichtpackung in die Plastiktüte zurück. Mit der anderen Hand nimmt sie die Pizzakartons und geht auf den Hinterhof des Maultaschenhauses, wo die Müllcontainer stehen. Der gepflasterte Hof ist säuberlich gefegt, das Unkraut zwischen den Ritzen der Steine weggezupft, Besen und Kehrschaufel hängen ordentlich an der Außenwand des Kühlhauses zwischen zwei Kletterrosensträuchern. Das Hoftor zur Seitenstraße steht weit offen. Kein Mensch ist zu sehen, alle sind noch beim Feuerwehrfest. Theos Mutter versenkt die Pappkartons im blauen Papierbehälter und wirft einen Blick auf den Restmüllbehälter. Empörung steigt in ihr auf. Da ist nur anständiger Müll drin, Sachen, für die sich keiner zu schämen braucht.

Isabel lenkt ihre Schritte aus dem Hinterhof und steuert die Restmülltonne an, die vor dem gegenüberliegenden Mietshaus auf der Straße steht. In den drei Wohnungen leben Familien mit mehreren Kindern. Isabel Leberle hat ein ungutes Gefühl; noch nie hat sie etwas in eine fremde Mülltonne geworfen. Im Vorbeigehen hebt sie schnell den Deckel an und lässt die zusammengeknüllte Plastiktüte hineinfallen. Ohne zurückzusehen, hastet sie weiter, geht ganz um den Block aus Fachwerkhäusern herum und betritt das Maultaschenhaus von der Vorderseite.

Sie fühlt sich schon wieder etwas besser. Der schlimmste Dreck ist beseitigt. Langsam steigt Theos Mutter die

Treppe hoch zur Wohnung im ersten Stock. Vielleicht sollte sie den Ignaz einmal anrufen, Theos Patenonkel in der Schweiz. Ignaz kennt sich aus. Aber was soll sie ihm eigentlich erzählen? Den Wodka hat vielleicht ja doch Ricco Früh getrunken. Der kommt aus dem Osten und Depressionen hat er auch. Sie hat schon öfter gehört, dass Leute mit Depressionen anfangen zu trinken. Ansonsten weiß sie nicht, an wen sie sich wenden soll. An Theos Lehrer? Um Himmels willen, so kurz vor den Prüfungen dürfen die nichts erfahren. An Marga? Nie im Leben! Die erzählt es weiter, weil sie so stolz auf ihren Sohn ist. Der würde neben Theo dann umso heller strahlen.

Isabel schließt die Tür auf und betritt die Wohnung. Wohltuender Putzmittelgeruch umgibt sie. Es ist jetzt überall sehr sauber, sogar in Theos Zimmer.

Die Mütter der anderen Freunde ihres Sohnes kommen auch nicht in Frage. Was die immer reden. Isabel Leberle seufzt und lehnt sich an die Wand im Flur. Nie würde mein Sohn Drogen nehmen, meiner nicht. Dafür leg ich meine Hand ins Feuer. So reden sie alle. Meiner auch nicht. Der trinkt mal ein Bier zu viel, aber sonst ist der sauber. Und wenn doch, setzen wir ihn auf die Straße. Konsequent muss man sein. Dann lassen wir ihn eben unter der Brücke übernachten. Nur so lernt er es. Hat sie alles schon gehört, beim Elternstammtisch.

Das Telefon klingelt. Sie zuckt zusammen. Warum das Telefon und nicht ihr Handy?

Alles an ihr zittert wieder, als sie den Hörer abhebt und sich meldet.

„Hallo, Mama." Theos Stimme klingt komisch. Dann eine Pause.

„Gut, dass du anrufst", stammelt Isabel Leberle.

„Holst du mich ab?"

„Ja, sicher. Wo, wo bist du eigentlich?"

„Gute Frage. Wo bin ich?"

„Sag schon."

„Ich ü… – ich überlege. Gleich hab ich's. Ich sag's dir gleich."

„Theo, du musst doch wissen, wo du bist."

„Hol mich am Krankenhaus ab." Und schon hat er aufgelegt.

Hol mich am Krankenhaus ab. Zum Glück nicht im Krankenhaus. Wahrscheinlich hat Theo kein Geld für den Bus. Vielleicht hat er sich Blasen an den Füßen gelaufen.

Isabel schaut auf das Display des Telefons. Die Nummer kennt sie nicht. Theo muss von irgendwelchen Freunden, von irgendeinem Festnetzanschluss angerufen haben. Wo kann er nur übernachtet haben? Egal, sie holt ihn jetzt ab. Dann wird er ihr alles erklären.

10. Kapitel: So ein Schwein!

Ricco sitzt immer noch auf dem Boden hinter dem Festzelt. Vor ihm stampft die Musik und hinter ihm kreischen die Leute in den gummiummantelten Autos, die sich über die Fahrfläche schieben. Es zischt und eine künstliche Nebelwolke hüllt alles ein. Im Zelt spielt die Feuerwehrkapelle, durch die Scooterhalle dröhnt Techno.

Da taucht Lissi auf. Sie muss in einem der Gefährte gesessen haben. Denn sie springt von der Fahrfläche auf die Holzplanken, reißt die Arme hoch, schüttelt ihre blonde Mähne zurück und lacht. Sie hat ein blaues glänzendes Oberteil und enge schwarze Jeans an. Obwohl sie lacht, sieht sie unglaublich traurig aus.

Ricco drückt den Kopf auf die Knie und hofft, dass sie ihn nicht bemerkt. Nicht jetzt, wo er sich so erbärmlich fühlt. Wenn er sich besser fühlen würde, würde er auf sie zugehen und sie in den Arm nehmen, weil sie so dünn und blass dasteht und niemand bei ihr ist. Ricco hat das deutliche Gefühl, dass er ihr eigentlich helfen müsste. Aber das kann er nicht, nicht jetzt, wo er selbst bloß ein Häufchen Angst und Scham ist. Er muss wieder an Pedros gemeine Worte denken und daran, dass Pedro zur Polizei gehen und blödes Zeug über Lissi erzählen wird. Und danach wird Lissi ihn nur noch hassen. Wie soll er je wieder in die Schule gehen und ihr gegenübertreten? Oh Gott, und dann noch Theo. Den wird Pedro als Erstes bei der Polizei verpfeifen. Pedro ist schon unterwegs.

Ricco bewegt sich nicht. Ich bin Ricco, das Schwein, hämmert es in ihm. Seinen besten Freund hat er bestohlen, seine neue Freundin verraten, Theo an die Polizei ausgeliefert, die eigene Mutter ruiniert. Und seinen Bruder hat er enttäuscht. Er kann das alles nicht mehr gutmachen. Es ist zu schlimm. Es ist zu viel. In der ganzen Stadt gibt es keinen Jungen, der ein größeres Schwein wäre. Das braucht ihm keiner zu sagen. Das weiß er ganz genau. Es gibt auch keine Entschuldigung – fast keine. Das Geld hat er für Lissi gestohlen, weil sie es brauchte. Irgendetwas in ihm widerspricht. So richtig brauchte sie es doch gar nicht. Sie hat Drogen dafür gekauft. Wahrscheinlich Koks. Sie wird ihm das Geld nie zurückgeben, das weiß er auch. Pedro würde sagen: Ganz schön blöd von dir. Und Pedro würde nie verstehen, dass er in diesem Moment, als Lissi seine Hand unter ihren Pullover gesteckt hat, einfach nicht anders konnte. Pedro würde ihn den größten Idioten nennen, den es auf Erden gibt.

Es war so schön mit Lissi. Ungefähr das Schönste, was ihm je passiert ist. Gut, dass er es erlebt hat. Trotzdem ist Ricco sich ganz sicher, dass er nicht weiterleben kann. Es ist zu viel passiert. Er kann nicht einmal mehr aufstehen und nach Hause gehen. Alle würden ihn sehen. Er wird warten, bis es dunkel ist. Und wenn er zu Hause ist, wird er ... Ricco überlegt, was er dann tun wird. Er wird sich in sein Bett verkriechen. Irgendetwas muss er tun, damit er nie wieder Lissi, Theo, seiner Mutter und Pedro begegnet. Aber was?

Ganz langsam hebt Ricco den Kopf. Er schaut hinüber zum Autoscooter. Lissi steht noch immer allein da. Sie lehnt an einer der Säulen. Sie ist kreidebleich und zittert am ganzen Körper. Niemand hilft ihr.

Ricco steht auf. Seine Augenlider sind dick und rot vom Weinen und er weiß es. Aber es macht ihm nichts aus. Komisch, plötzlich scheint er übermenschliche Kräfte zu haben. Er geht die paar Schritte zu Lissi hinüber, stellt sich neben sie und tippt mit der Hand an ihren Arm.

„Du, dir geht's nicht gut", sagt er ganz leise.

„Ach, du bist's, Dummi", sagt Lissi. „Lass mich in Ruhe!"

„Aber dir geht's doch nicht gut", wiederholt Ricco. Es ist, als hätte er aufgehört, Ricco zu sein und sich um sich selbst zu sorgen. Ganz egal, wie viel Mist er gebaut hat, er muss Lissi helfen. Sie kann sich kaum auf den Beinen halten. Morgen wird die Welt untergehen, aber vorher muss er Lissi nach Hause bringen.

„Komm", sagt er, „halt dich an mir fest."

„Nerv mich nicht", sagt sie. Aber dann nimmt sie doch seinen Arm. Sie riecht immer noch so gut nach Vanille. „Bist ein Dummi", sagt sie, während sie über den Platz gehen.

Ja, dann bin ich eben ein Dummi. Dummi ist besser als Idiot. Ein Dummi ist besser als ein Schwein, denkt Ricco.

Es ist ein ziemlich langer Weg bis zu dem Haus am Stadtrand, in dem Lissi wohnt. Es ist das eine der zwei Hochhäuser, die es in Marklingen gibt.

„Hier wohnst du also", sagt er. „Soll ich mit dir hochgehen? Du schaffst die Treppe nicht."

„Es gibt einen Fahrstuhl", sagt sie und ist noch blasser als vorhin. Sie gibt ihm ein zartes Küsschen auf die Backe, schließt die Haustür auf und ist verschwunden. Er sieht durch die Glastür, wie sie auf den Knopf neben dem Aufzug drückt. Er winkt. Dann ist sie weg.

Ich bin ein Schwein, schießt es Ricco wieder durch den Kopf. Pedro steht jetzt im Polizeirevier und erzählt gemeine Sachen über Lissi. Und er, Ricco, ist an allem schuld, schuld, schuld! Aber Lissi hat ihn lieb. Das ist die Hauptsache. Sonst hätte sie ihn gerade nicht schon zum zweiten Mal geküsst.

Mit langsamen Schritten macht sich Ricco auf den Weg nach Hause. Noch nie sind ihm so viele Dinge durch den Kopf gegangen wie an diesem Samstagnachmittag. Warum ist das Leben so schrecklich? Und gleichzeitig so schön?

11. Kapitel: Wo ist er nur?

Isabel Leberle hat das kleinere Firmenauto genommen und ist etwas zu schnell durch die Stadt gefahren. Die Ampel am Stadtrand steht schon auf Rot, sie fährt trotzdem durch und sieht den Blitz.

Oh Gott, denkt Isabel. Sie ist noch nie bei Rot über eine Kreuzung gefahren. In ihrem ganzen Leben nicht. Leuten, die eine rote Ampel missachten, nimmt man den Führerschein für ein paar Monate ab. Das hat sie immer gerecht gefunden. Und jetzt ist es ihr passiert.

Zu viel Stress in letzter Zeit. Theo Drei fährt mit Marga Früh Autoscooter und Theo Vier wartet auf sie in komischem Zustand irgendwo beim Krankenhaus.

Wo steckt der Junge nur? Isabel kann ihn nirgendwo entdecken. Langsam fährt sie am Parkplatz und an der Bushaltestelle vor dem Krankenhaus vorbei. Vielleicht ist er auf der anderen Seite, könnte ja sein. Sie biegt rechts ein und umfährt den ganzen Block. Weit und breit kein Theo.

Sie hält am Straßenrand und wählt seine Handynummer. Keine Reaktion. Vermutlich ist der Akku wieder einmal leer. Er hat ja auch von einer Festnetznummer aus zu Hause angerufen. Du lieber Gott, warum hat sie sich diese Nummer eigentlich nicht notiert?

Irgendwo wartet Theo auf sie und versteht nicht, warum sie ihn nicht abholt. Hat er wirklich „am Krankenhaus" gesagt? Isabel Leberle wird unsicher. Dann kommt ihr der rettende Gedanke: Sie muss zurück ins Maultaschenhaus und die Nummer zurückrufen, von der Theo sie angerufen hat. Sie tritt aufs Gas und ist schon wieder schneller als erlaubt.

Theo Drei ist im Hinterhof damit beschäftigt, Styroporkästen zurück ins Kühllager zu bringen.

„Wo warst du?", ruft er ihr zu.

„Ich muss Theo abholen."

„Lass das mal lieber! Der soll zu Fuß gehen. Das hat noch keinem geschadet", brüllt er zurück.

Isabel antwortet nicht. Sie hetzt nach oben in die Wohnung und schnappt sich das Telefon. Sie schaut die Nummer auf dem Display einen Moment lang an, ehe sie die Taste drückt.

„Städtisches Krankenhaus", meldet sich eine Männerstimme.

„Leberle. Ich muss mich verwählt haben", stammelt Isabel Leberle. „Mein Sohn hat mich von dieser Nummer aus angerufen. Aber das kann ja nicht sein."

„Doch, der sitzt bei mir im Pförtnerhaus und wartet, dass Sie ihn abholen. Es geht ihm nicht besonders gut."

„Warum musste er ins Krankenhaus?" Isabels Stimme überschlägt sich.

„Er hatte ein gesundheitliches Problem. Wir erklären es Ihnen, wenn Sie hier sind."

Ein gesundheitliches Problem, ihr Theo? Was kann das nur sein? Isabels Puls rast. Sie greift nach dem Autoschlüssel und macht sich erneut auf den Weg.

12. Kapitel: Ein Glück, dass ich dich habe

Ricco sitzt zu Hause im Wohnzimmer auf der weißen Kunstledercouch vor dem Fernseher. Marga Früh wohnt mit ihrem Sohn Ricco in der Dachgeschosswohnung eines alten Fachwerkhauses in der Altstadt, nur zwei Straßen entfernt vom Maultaschenhaus. Auf dem Fernseher steht in einer Vase eine dunkelrote Kunstrose, die irgendjemand einmal Marga Früh geschenkt hat. Auf dem Couchtisch liegt – mehr zur Dekoration als zum Gebrauch – ein Brieföffner mit einem geschnitzten Elfenbeingriff aus Indien. Er ist das kostbarste Stück im ganzen Haushalt, sagt Marga Früh immer. Er hat ihrem Großvater gehört, der um 1900 in Indien war. Damals, so hat sie es Ricco und Pedro erklärt, war eigentlich noch niemand in Indien, außer dem Großvater. Der war Forscher, genauer gesagt: Zoologe. Er hat Elefanten erforscht. Wenn er seinen Abschluss schafft, träumt Ricco, kann er vielleicht weiter auf die Schule gehen, das Abitur nachholen und dann auch Zoologe werden.

Seine Mutter hat sich schlafen gelegt und Ricco weiß, dass es Stunden dauern wird, bis sie wieder aufsteht. Sie ist müde von der Arbeit. Pedro hat sich nicht mehr sehen lassen. Und angerufen hat er auch nicht.

Die Stille vor dem Sturm, denkt Ricco und beschließt, die Zeit zu genießen, die ihm noch bleibt, bis alle über ihn herfallen.

Er hält die Fernbedienung in der Hand und zappt durch die Programme. Nichts interessiert ihn. Er kann keinen klaren Gedanken fassen. Ricco schaltet ab und sieht Lissi ganz deutlich vor sich. Einerseits ist da der Streit mit

Pedro, der zur Polizei gehen wollte und sein Leben ruinieren wird, aber andererseits …

Sein Handy klingelt. Ricco überlegt, ob er rangehen soll, und tut es dann einfach.

„Ich bin's, Lissi."

Er ist so fassungslos, dass er nichts herausbringt.

„Ich steh unten vor der Tür. Vor deinem Haus. Lass mich rein."

„Ja, ja, sofort."

Woher weiß sie überhaupt, wo er wohnt? Und woher hat sie seine Handynummer? Vielleicht von der Klassenliste, ach, egal. Ricco stürmt die Treppe hinunter und schließt die Haustür auf.

Sie ist grau im Gesicht und sieht noch verzweifelter aus als vorhin auf dem Feuerwehrfest. Sie hält ein Sechserpack Bier im Arm.

„Lass mich rein, Dummi!", sagt sie. „Und schließ gut hinter uns ab."

Er tut es.

„Wenn die klingeln, lässt du die nicht rein", stößt Lissi hervor, während sie zusammen die Treppe hochgehen.

„Was ist los mit dir? Und wer sind ‚die'?", will Ricco wissen.

Sie bleibt stehen und er sieht, dass sie geweint hat. Ihr Haar ist zerzaust und mit ihrem Gesicht stimmt etwas nicht. Es ist anders als vorher.

„Mein Stiefvater hat mich wieder mal geschlagen", sagt sie und hält sich an Ricco fest. „Kann ich bei euch bleiben?"

„Ja", sagt Ricco, als sei das die klarste Sache der Welt.

„Bist du allein?", fragt Lissi.

„Ja. Äh, nein", sagt er. „Meine Mutter schläft gerade. Wahrscheinlich bleibt sie den Rest des Tages im Bett. Das macht sie meistens so. Sie nimmt Schlaftabletten, deswegen."

„Das ist gut", sagt Lissi. „Ach, Dummi, so ein Glück, dass ich dich habe."

Ricco muss schlucken, weil der Satz so schön ist. Trotzdem beschließt er, ihr nachher zu sagen, dass er nicht „Dummi" genannt werden will. „Dummi" hört sich blöd an.

Er hält Lissis Hand, während er vorangeht. „Tut mir leid. Es ist nicht besonders gut aufgeräumt", stottert er, als er sie in den Flur führt. „Da ist die Küche. Wenn du etwas essen willst, im Gefrierfach haben wir noch zwei Hähnchenschnitzel. Und tiefgefrorene Metzelsuppe ist auch da. Oder willst du lieber Erbseneintopf?"

Lissi lehnt sich an ihn und sagt gar nichts. Sie zittert.

„Wenn du müde bist, kannst du dich in mein Bett legen. Ich bezieh es neu für dich. Aber du darfst dich auch auf die Couch im Wohnzimmer legen. Ich geb dir dann meine Decke, damit du nicht frierst." Ricco ist so glücklich, dass er ihr alles geben würde, was er hat. Seinen PC und seine CDs, alles. Weil sie einfach so zu ihm gekommen ist.

„Ich brauch zwei Valium", sagt Lissi.

„Valium? Das Zeug, das meine Mutter nimmt?"

„Mann, hol's schon, wenn ihr's im Haus habt."

Ricco tappt ins Bad und sucht im Spiegelschrank nach den Tabletten. Er weiß so ungefähr, wo seine Mutter sie aufbewahrt. Zwischen Haarnadeln, Parfümfläschchen und Aspirin findet er endlich eine Zwanzigerpackung.

„Wenn jemand anruft, gehst du nicht ran", sagt Lissi, als er ins Wohnzimmer kommt, die angebrochene Packung in der Hand. Sie hat sich die Schuhe ausgezogen und aufs Sofa gekuschelt. Ricco holt die flauschige Fernsehdecke seiner Mutter aus dem Schrank und legt sie über sie. Lissi hat die Bierflaschen auf den Couchtisch gestellt. Ricco sucht den Flaschenöffner und findet ihn nicht gleich, weil er so aufgeregt ist.

„Mach schon, Dummi. Bist du immer so langsam?"

Er kann verstehen, dass sie schlechte Laune hat. Er setzt sich neben sie und öffnet die erste Flasche. „Willst du ein Glas?"

Lissi nimmt ihm die Tabletten aus der Hand und setzt die Flasche an, einfach so. Irgendwie gefällt sie ihm, während sie das tut. Schnell spült sie die zwei Tabletten hinunter.

„Ich weiß nicht, ob das gut ist", murmelt er. „Du solltest etwas dazu essen. Ich brat dir ein Schnitzel."

„Ich will kein Schnitzel", sagt Lissi und plötzlich lächelt sie. „Mir geht's schon beinahe besser, weil ich hier bin."

Ricco überlegt, ob die Tabletten so schnell wirken. Das kann eigentlich nicht sein.

„Eine ist für dich", sagt Lissi und deutet auf die Flaschen. „Nimm dir auch eine Valium. Dann geht's dir gleich besser. Du bist auch nicht gut drauf."

„Bei mir helfen die bestimmt nicht", wehrt Ricco ab. Doch da fällt ihm alles wieder ein: Pedro, die Polizei, das Geld, das er Theo gestohlen hat, Marga Früh, die ihren Job so gut wie verloren hat.

„Ach manno, schluck's runter. Vertrau mir!" Sie streichelt seinen Oberarm. „Oder vertraust du mir nicht?"

„Doch, ich vertrau dir", murmelt Ricco und spült mit einem großen Schluck Bier die Tablette hinunter. Er fühlt sich jetzt ganz leicht.

„Hier sind wir sicher!", sagt Lissi viel zu laut.

Hoffentlich wird Mama nicht wach. Lissi hat keine Ahnung, was wirklich läuft. Ricco legt den Arm um sie und spürt, dass er sie beschützen muss. Dabei weiß er nicht, wie er das anstellen soll.

Ein Schlüssel dreht sich von außen im Schloss. Ricco zuckt zusammen und muss kurz überlegen, wer noch einen Wohnungsschlüssel hat.

Schnelle Schritte durchqueren den Flur, die Wohnzimmertür ist offen. Ricco springt auf.

„Da ist sie ja, die Schlampe!" Pedro steht in der Tür. Pedro.

Lissi guckt nur erstaunt.

„Oh nein!", schreit Ricco.

13. Kapitel: Die brauch ich eben

„Ich hab da was in deinem Zimmer gefunden", sagt Isabel Leberle. Theo und sie sitzen am Küchentisch vor der Einbauküche im Westernstil aus dunklem Holz. „Tabletten in einem Plastikbeutel." Vor Isabel liegt der Arztbrief im verschlossenen Umschlag.

Theo sieht sie entsetzt an. „Du sollst nicht in meinem Zimmer aufräumen. Das darfst du nicht. Es ist mein Zimmer. Du darfst nur mit meiner Erlaubnis rein."

„Theo, was für Tabletten sind das?"

„Die brauch ich. Tabletten eben."

„Aber der Arzt hat sie dir nicht verschrieben. Wo hast du sie her?" Ihr Sohn ist minderjährig. Er darf nicht einfach Tabletten nehmen, von denen sie nichts weiß. Und gefährlich ist es auch.

„Du weißt genau, dass wir nächste Woche die Klausuren schreiben. Das ist Ritalin*, ich brauch das, um mich zu konzentrieren."

„Das glaub ich dir nicht", entgegnet Isabel Leberle. Zugleich kommen ihr Zweifel. Sie hat die Dinger einfach weggeworfen. „Du brauchst kein Ritalin", sagt sie.

„Das nehmen alle. Wirklich, alle nehmen das", sagt Theo. „Du gibst mir das Zeug wieder."

„Nein."

„Ich brauch's, sonst fall ich durch. Willst du das?"

Isabel Leberle antwortet nicht. Ein Glück, dass es nur ein Konzentrationsmittel ist wegen der Klausuren, denkt sie erleichtert. Nächste Woche schreiben sie die. Ihr kommen die Tränen. Vorhin war sie noch so aufgeregt, dass sie auf dem Weg zum Krankenhaus bei Rot über die

58

Ampel gefahren ist. Und es hat geblitzt. Wie soll sie das ihrem Mann erklären? Das ist ihr noch nie passiert. Den Führerschein abzugeben – vielleicht sogar für immer – ist der Ruin, weil sie doch das Geschäft haben. Sie muss sich wieder einige Tränen abwischen, diesmal wegen der Sache mit dem Führerschein.

Sie öffnet den Briefumschlag und wirft einen Blick auf das Arztschreiben, das ihr der Stationsarzt im Krankenhaus ausgehändigt hat: *Alkoholabusus** steht da klar und deutlich. *Therapieempfehlung: Abstinenz**.

Isabel Leberle ist irgendwie erleichtert. Jedenfalls in der Sache mit ihrem Sohn. Hätte schlimmer sein können. Ihr Theo hat einen über den Durst getrunken. So ähnlich hat der Arzt ihr das erklärt. Er hat eine leichte Alkoholvergiftung. Er soll sich zu Hause ins Bett legen und sie soll ab und zu seinen Blutdruck kontrollieren. Also kein Grund zur Sorge.

„Schlaf dich erst mal richtig aus", sagt Isabel Leberle.

Sie hat einen koffeinfreien Kaffee für Theo aufgebrüht und ihm ein Brot mit vegetarischem Aufschnitt belegt. Theo nippt am Kaffeebecher, das Brot lässt er liegen. Dann stolpert er in sein Zimmer und schließt die Tür hinter sich.

Furchtbar, wie es hier aussieht! Nichts ist mehr, wie es war. Wo sind überhaupt seine Sachen? Verdattert greift er in die Lücke hinter dem Bett. Die Papierchen für die Selbstgedrehten? Verschwunden. Und von dem Putzmittelgeruch wird ihm schlecht. Hat seine Mutter etwa die Desinfektionsmittel benutzt, mit denen sie die Kühlanlage auswischt? „Ich bin doch kein Gefrierfleisch", murmelt er vor sich hin und findet den Satz witzig.

Theo sinkt in sein Bett, rollt sich wie ein Hund unter die Decke und schläft ein. Er träumt unruhig und immer, wenn er besonders tief schläft, kommt seine Mutter herein, misst ihm den Blutdruck und fragt: „Geht's dir auch wirklich gut?"

Plötzlich hört er seinen Vater laut schreien und dann auch seine Mutter. Theo springt aus dem Bett und stürzt hinaus auf den Flur.

„Was ist los?", fragt er.

Seine Mutter telefoniert. Theo hört ihr zu, ohne zu begreifen.

„Das ist eine Katastrophe! … Nein, da kommt der nie wieder raus … Ja, ich fahr dich. Ich komm sofort zu dir." Isabel legt auf.

„Nein, du fährst nicht. Ruh dich lieber aus. Notfalls fahr ich Marga", sagt Theo Drei. „Die Ärzte sagen, sie wissen nicht, ob er durchkommt."

Isabel schluchzt auf.

„Was ist passiert?", schreit Theo.

„Ricco hat etwas Furchtbares getan", sagt seine Mutter. Theo packt seinen Vater am Arm. „Was ist mit Ricco?" Doch der Metzgermeister greift nach seinem Autoschlüssel und geht wortlos an ihm vorbei. Die Wohnungstür schlägt er hinter sich zu.

„Mama, bitte sag, was passiert ist", fleht Theo.

„Ricco wollte seinen Bruder umbringen."

„Was?" Theo hält den Atem an.

„Pedro liegt im Krankenhaus und muss operiert werden." Isabel flüstert den Satz. „Und es sieht sehr schlecht für ihn aus."

„Und Ricco?" Jetzt flüstert auch Theo.

„Ricco haben sie in die geschlossene Abteilung einge-
liefert", erklärt Isabel Leberle. „Der ist gefährlich. Der
kommt da nie wieder raus."

14. Kapitel: Ich mag Elefanten

Auf der Station sind alle Fenster vergittert, sogar die auf dem Klo. Ricco ist wie betäubt, versucht aber, vernünftige Antworten zu geben. Das ist nicht so einfach, weil er selbst nicht versteht, was mit ihm passiert ist.

„Was für einen Tag haben wir? Wissen Sie das?" Der rothaarige Dr. Martin ist jung. Aus der Brusttasche seines weißen Kittels schaut ein Stethoskop hervor. Er ist leicht übergewichtig, das gefällt Ricco an ihm.

„Sonntag. Nachmittag", sagt Ricco.

„Erzählen Sie mir bitte noch einmal, was gestern passiert ist."

„Aber das wissen Sie doch bereits alles." Ricco möchte nicht schon wieder alle Einzelheiten schildern. Erst hat er sie dem Polizisten erzählt, dann dem Pfleger. Und nun muss er Dr. Martin das Ganze noch einmal berichten und seine Fragen beantworten.

Ricco sieht hoch zu dem vergitterten Fenster über dem Schreibtisch im Zimmer des Stationsarztes.

„Machen Sie langsam", sagt der Arzt. „Wir haben Zeit."

„Lissi war bei mir in der Wohnung. Wir haben zusammen Bier getrunken. Allein hätte ich keine zweite Flasche getrunken. Und niemals hätte ich dazu eine Valium genommen." Ricco hält inne. „Dann stand plötzlich mein Bruder Pedro im Zimmer. Er hat Lissi beleidigt."

„Und dann? Erinnern Sie sich noch?" Der junge Arzt blickt von seinem Fragebogen auf, den er nebenbei ausfüllt.

„Pedro hat Lissi an den Haaren vom Sofa runtergezogen, Lissi hat geschrien und als sie schon im Flur waren, hatte ich den Brieföffner in der Hand und bin auf Pedro losgegangen."

„Die Tatwaffe?"

„Ja, es ging unheimlich schnell. Ich musste Lissi helfen." Das alles war eine Sache von Sekunden gewesen, durchfährt es Ricco. Pedro brüllte, Lissi schrie.

„Aber da war noch etwas. Erinnern Sie sich?"

„Ich habe getobt und gegen die Möbel getreten und dann wollte ich aus dem Fenster springen. Irgendwer hat mich festgehalten."

Ricco sieht es wieder vor sich. Plötzlich standen zwei Sanitäter im Flur, ein Feuerwehrmann, eine Polizistin und ein Polizist. Sie hatten Handschellen dabei, die sie ihm anlegten. Mit dem Notarztwagen brachten sie ihn zum Krankenhaus in die Psychiatrie. Genauer gesagt: auf die geschlossene Abteilung. Da musste er seinen Gürtel ausziehen und abgeben. Auch seinen Kugelschreiber, den er in der Jackentasche hatte, durfte er nicht behalten. Warum eigentlich?

„Ihre Urinprobe beweist, dass Sie THC im Körper hatten", sagt Dr. Martin, der den mehrseitigen Fragebogen Stück für Stück mit Ricco ausfüllt.

„So viel war das nicht", sagt Ricco.

„Und alkoholisiert waren Sie auch."

„Na ja, es waren nur zwei Flaschen Bier", erwidert Ricco.

„Immerhin zwei Flaschen", sagt der Arzt.

„Was ist das schon?", fragt Ricco. Für seinen Freund Theo sind zwei Flaschen Bier gar nichts.

„Sie sehen doch an sich selbst, was passieren kann, wenn man zwei Flaschen Bier getrunken hat." Der Doktor sieht Ricco ernst an. „Verstärkt wird die Wirkung, wenn Sie

Alkohol mit Cannabis* kombinieren und dazu noch Valium nehmen. Wir nennen das Mischkonsum. Dieses Zusammenwirken verschiedener Rauschmittel ist besonders gefährlich."

„Wissen Sie etwas von Pedro? Wie geht es ihm?"

„Er liegt auf der Intensivstation. Mehr kann ich dazu nicht sagen. Ihre Mutter wird sich bestimmt bei Ihnen melden."

„Bestimmt nicht", murmelt Ricco.

Der Arzt schaut auf den Fragebogen.

Ob er wirklich nicht mehr weiß? Würde oder dürfte er es ihm überhaupt mitteilen, wenn Pedro gestorben wäre? Riccos Brille beschlägt sich. Pedro hat es schließlich nur gut mit ihm gemeint. Pedro wollte immer das Beste für ihn. Und jetzt liegt er wegen ihm auf der Intensivstation, das ist die Vorstufe von „tot".

„Ich bin ein Schwein", sagt Ricco und fährt sich durch die Haare.

„Die Psychologin wird nachher zu Ihnen kommen." Dr. Martin tippt noch schnell etwas in die Tastatur seines Laptops.

„Wann komm ich hier wieder raus?", will Ricco wissen.

„Ihr Zustand ist nicht so gut. Wir müssen noch einige Untersuchungen machen."

„Aber meine Abschlussprüfungen, die Klausuren und die Präsentation!" Ricco hat sich in den letzten Wochen intensiv mit Walen beschäftigt und will sein Wissen bei der mündlichen Prüfung loswerden. Aber das spielt ohnehin keine Rolle mehr. Wahrscheinlich landet er wegen versuchten Mordes für den Rest seines Lebens im Knast, und das hat er auch verdient. So oder so.

„Sie können ja nächstes Jahr noch einmal antreten", sagt Dr. Martin mit ruhiger Stimme. „Bis dahin geht es Ihnen hoffentlich besser."

„Aber wenn ich dann im Knast bin?"

„Auch im Strafvollzug können Sie Ihre Abschlussprüfungen ablegen. Aber das ist ein weiterer Schritt. Darüber brauchen Sie jetzt noch nicht nachzudenken."

„Nächstes Jahr?" Ricco überlegt. Dann muss er eine neue Präsentation vorbereiten und neu lernen. „Vielleicht Elefanten", murmelt er. „Ich mag Elefanten."

Ricco sitzt auf dem Bett in seinem Zimmer. Der gestrige Abend geht ihm durch den Kopf. In der Nacht seiner Einlieferung wurde er auf dem Bett fixiert. Sie sagen hier nicht fesseln, sondern fixieren. Es sei zu seiner eigenen Sicherheit, erklärte ihm der Pfleger Rolf. Es sei bei ihm vermutlich nur dieses eine Mal nötig. Ricco wusste nichts Näheres von Pedro und trotz des Beruhigungsmittels, das sie ihm gegeben hatten, musste er dauernd an ihn denken. Sein Zimmernachbar Karl-Heinz wurde ebenfalls von Rolf fixiert. Nur für die Nacht. Am Morgen wurden die Fixierungen wieder gelöst.

Karl-Heinz, mit dem er das Zimmer teilt, ist ein hagerer Vierzigjähriger mit einem Kinnbärtchen und dünnem Haar. Er spricht immer nur in der dritten Person von sich. Beim Reden umklammert er einen rosa Softball, wiegt den Oberkörper hin und her und schnauft zwischendurch. Irgendetwas stimmt mit seiner Atmung nicht.

„Sei vorsichtig mit dem Essen hier", sagt Karl-Heinz und sieht ihn bedeutungsvoll an. „Verstehst du, was der Karl-Heinz damit sagen will?"

„Ehrlich gesagt, nicht."

„Es ist überall das Gleiche. Der Karl-Heinz war eine Zeitlang Model für Herrenmode in Kolumbien. War 'ne tolle Zeit. Nur …", er macht eine Pause und nickt Ricco dabei zu, „dann hat der CIA angefangen, nachts bei ihm einzubrechen und Kokain in seine Cola zu mischen."

Ricco weiß nicht, was er dazu sagen soll.

„Die hatten den Karl-Heinz auf ihrer Liste. Auf der haben sie eine Menge Leute. Und die machen sie fertig, einen nach dem andern." Seine Augen flackern und er krallt die Finger in den Softball. „Die Ärzte hier haben dem Karl-Heinz das nicht geglaubt. Klar, der CIA hat die in der Hand. Der CIA steuert uns alle." Karl-Heinz spricht mit gedämpfter Stimme. „Ist dir klar, was das für dich bedeutet?"

Der Mann ist ein Spinner. Ricco fühlt sich elend. Warum haben sie ihn mit diesem Verrückten zusammen eingesperrt?

„Der Karl-Heinz habe ein typische Drogenpsychose, haben die Ärzte hier frech behauptet." Karl-Heinz verdreht die Augen und fuchtelt mit den Armen. „Aber gegen die kommt unsereiner nicht an, wenn er einmal hier drin ist."

„Was ist eine Drogenpsychose?", fragt Ricco.

„Der Karl-Heinz hat keine Drogenpsychose", knurrt Karl-Heinz. „Er hat Probleme mit dem CIA. Hat er doch gerade erklärt."

„Aber was ist es denn, wenn es einer hat?", will Ricco wissen.

„Psychose ist, wenn einer durchdreht. Also, wenn einer schizo* ist. Wenn er Stimmen im Kopf hört und denkt, dass ihn Aliens verfolgen. Kann einer kriegen, wenn er Drogen genommen hat." Karl-Heinz wirft den rosa Softball gegen die Wand. „Aber beim Karl-Heinz waren das keine Aliens, das war echt der CIA. Nur die Idioten in der Klinik raffen das nicht."

„Hörst du manchmal Stimmen im Kopf, Karl-Heinz?"

„Der CIA sendet auf besonderen Frequenzen direkt in den Kopf vom Karl-Heinz. Das sind keine Stimmen, das ist Terror!" Karl-Heinz erhebt sich, bückt sich nach dem Ball und verlässt das Zimmer.

15. Kapitel: Uppers

Der Pfleger klopft an die Tür und tritt auch schon ein. Rolf sieht so aus, dass sie ihn im *Golden Gate* sofort als Türsteher einstellen würden. Wahrscheinlich übt er jeden Abend in einem Fitnessclub. Er trägt ein Goldkettchen um den Hals.

„Die werden dich bald von hier entlassen", sagt Rolf. „Morgen oder übermorgen. Ich hab so was gehört. Darf ich dir eigentlich nicht sagen."

„Entlassen?" Ricco springt auf. Vielleicht geht es Pedro gar nicht so schlecht. Vielleicht ist er schon ganz gesund. Dann kann er also doch noch die Klausuren mitschreiben und seine Präsentation halten. Er zieht seine Reisetasche unter dem Bett hervor. Die hat irgendjemand für ihn im Stationszimmer abgegeben.

„Du wirst von der Geschlossenen entlassen und darfst auf die Offene, so hab ich das gemeint. Das wird gerade im Stationszimmer besprochen. Bei der Visite sagt es dir der Chefarzt persönlich."

„Auf die Offene?"

„Ja, offen, weil man da nicht mehr eingesperrt ist. Du kannst mal zum Getränkeautomaten ins Foyer gehen und dir eine Zeitung holen."

„Rolf, wovon kriegt man eigentlich eine Drogenpsychose?", fragt Ricco.

„Das kann eine Folge von Drogenkonsum sein", erklärt Rolf. „Kommt häufig vor. Die Leute denken dann, dass Aliens sie verfolgen oder Mörder hinter ihnen her sind. Kann sehr unangenehm sein. Sie haben Alpträume und kriegen Panik."

„Und wovon bekommt man so was?"

„Von den Uppers*. Das ist gefährliches Zeug, wie zum Beispiel Amphetamine*, Kokain, Halluzinogene oder Ecstasy. Viele bekommen es auch schon vom Kiffen. Und manche werden es nie wieder los", erklärt Rolf.

Es klopft an der Tür und eine Schwester tritt ein. „Telefon für dich", sagt sie. „Deine Mutter."

Ricco schluckt, es kommt für ihn zu plötzlich. Er kann jetzt unmöglich mit seiner Mutter sprechen. Was sie nur von ihm will? Sie ruft vermutlich wegen Pedro an.

Das Telefon steht mitten im Gang, wo es intensiv nach Putzmittel riecht, in einer grünen Telefonzelle. „Hallo." Marga Frühs Stimme klingt brüchig. „Bin ich froh, dass ich endlich mit dir sprechen kann."

„Ja, ja", sagt Ricco. „Ich bin auch froh, dass du dich meldest. Bist du sehr böse auf mich?"

„Teils ja, teils nein." Sie spricht langsam. „Du hast noch nie mit Pedro gestritten. Ich versteh das nicht."

„Doch. Wir haben oft gestritten. Du hast es nur nicht gemerkt." Pedro wollte ihn immer erziehen und hat ihn ziemlich oft geohrfeigt. Egal, denkt Ricco. Er hat kein Recht, sich jetzt über Pedro zu beklagen. Und seine Mutter hat schließlich Sorgen genug.

„Und jetzt seid ihr beide im Krankenhaus. Wie ist's da, wo du bist?", fragt sie.

Dumme Frage, ich sitze auf der Geschlossenen in der Psychiatrie, denkt Ricco. „Ganz okay", sagt er. „Das Personal ist nett."

Sie sagt nichts und er überlegt, ob sie nicht einmal bei ihm vorbeikommen könnte. Andere Patienten erhalten auch Besuch.

Plötzlich fängt Riccos Mutter an zu schluchzen und zu weinen. Ricco überlegt, wie er das Telefonat beenden kann. Oder weint sie vielleicht wegen Pedro? Wahrscheinlich hat sie ihn überhaupt nur wegen Pedro angerufen. Einen Moment lang kriegt Ricco keine Luft mehr.

„Wie geht es Pedro?", bringt er gerade so heraus.

„Pedro geht's schon etwas besser. Aber er macht sich Vorwürfe. Er sagt, er sei an allem schuld." Marga Frühs Stimme zittert.

Ricco schluckt.

„Und ich frag mich, was ich falsch gemacht hab. Dass einer Drogen nimmt, ist das Schlimmste."

„Ja, ist es." Ricco kämpft gegen ein Aufschluchzen an. Was für ein Idiot ist er gewesen, dass er innerhalb von wenigen Stunden Gras, Bier und Valium genommen hat. Drogen eben.

„Ricco, versprich mir, dass du es nie wieder tust."

„Mama, ja. Ich tu's nie wieder. Wenn nur Pedro wieder ganz gesund wird."

„Sag mir, was ich falsch gemacht hab."

Keine Ahnung, denkt Ricco. „Mama, ich weiß es nicht", sagt er. Vielleicht hätte sie nicht dauernd schlafen und so viele Tabletten nehmen sollen. Aber das kann er ihr unmöglich sagen.

„Ich hab alles für dich getan. Mehr konnte ich nicht."

Ja, ja, das weiß er. „Ich war betrunken", sagt Ricco. „Daran liegt's." Es war viel mehr. Es war wegen Lissi, die er retten wollte. Er konnte doch nicht tatenlos zusehen, wie Pedro sie an den Haaren durchs Wohnzimmer zerrte. In diesem Moment fühlt Ricco sich im Recht. Pedro durfte Lissi nicht misshandeln.

Seine Mutter muss schon wieder weinen. Warum kann sie nicht ganz normal mit ihm reden? Ob sie etwas von Lissi weiß? Er wagt nicht, nach ihr zu fragen.

„Ich muss jetzt Schluss machen", lügt er, „das geht hier nur ganz kurz mit dem Telefonieren."

Ricco sitzt am Tisch im Aufenthaltsraum, vor ihm steht ein Teller Milchreis mit Zucker und Zimtsoße. Oben an der Wand läuft der Fernseher mit abgestelltem Ton. Ricco hält den Löffel in der Hand, hat aber keinen Appetit. Er starrt aus dem vergitterten Fenster und wischt verschämt seine Tränen weg. Der Pfleger Rolf sitzt an der anderen Ecke des Tischs und lässt ihn nicht aus den Augen.

„Iss was!", sagt Rolf. „Sonst fällst du vom Fleisch."

„Meinem Bruder geht es etwas besser, hat meine Mutter gesagt. Aber sie hat so viel geweint." Ricco zieht die Nase hoch.

Der Pfleger zuckt die Achseln. Eigentlich möchte Ricco ihn nach Lissi fragen. Aber er traut sich nicht.

„Jetzt iss mal was", wiederholt Rolf. „Ich muss den Löffel nachher wieder wegschließen."

Wegen Suizidgefahr gibt es auf der Geschlossenen weder Messer noch Gabeln und nur Plastikgeschirr; selbst Löffel müssen weggesperrt werden. Das hat Ricco inzwischen erfahren.

„Meine Präsentationsarbeit beschäftigt sich mit Walen", sagt Ricco und weiß überhaupt nicht, warum er es Rolf erzählt.

„Kannste vergessen. Deine Präsentation ist jetzt nicht das Thema."

„Weiß ich", sagt Ricco und muss schniefen. „War aber eine Menge Arbeit."

„Interessiert nicht mehr", sagt Rolf und greift zu seiner Zeitung. „Du hast jetzt andere Sorgen."

16. Kapitel: Der Hund kommt hier nicht rein

„Was die Marga für ein Pech mit ihren Söhnen hat", sagt Theo Drei und geht dabei auf und ab im Wohnzimmer, während Theo sein Sonntagsessen verzehrt, eine vegetarische Frikadelle mit Karottensalat. So richtig schmeckt es Theo Vier heute nicht, es fröstelt ihn, dann wieder wird ihm ganz heiß. Aber heute regt Vater Leberle sich nicht über das Vegetarieressen auf seinem Tisch auf. Auch Theos Hahnenkamm ist heute kein Thema mehr. Fast wohlgefällig ruht der Blick des Metzgermeisters auf seinem Junior. „Ab morgen schreibt ihr die Klausuren?"

„Mhm." Theo nickt.

„Ich glaube, du packst sie", sagt Theo Drei, dem nicht klar ist, wie oft sein Sohn in letzter Zeit den Unterricht geschwänzt hat.

„Nicht in Mathe. Und in Englisch wird es knapp."

„Aber damit kommst du durch", wirft Theos Mutter ein. Sie weiß nicht, wie gut ihr Sohn ihre Unterschrift für die Entschuldigungen fälscht. Woher auch?

„In Sport und Deutsch bin ich zum Glück ganz gut", sagt Theo. „Jibinho."

„Ist das der Fußballspieler?", fragt sein Vater, bemüht, ein unverfängliches Thema aufzunehmen.

„Weiß nicht. Jibinho eben", sagt Theo.

„Kann nur ein Brasilianer sein", überlegt Theo Drei. „So wie Juninho."

„Ich kenn mich nur mit Skatern aus", versucht Theo Vier zu witzeln.

Isabel lächelt in sich hinein. Trotz der Katastrophe bei Marga Früh ist der Sonntag bei ihnen nicht schlecht. Ein richtiger Familiensonntag. So gut haben sich die Theos seit Langem nicht mehr miteinander unterhalten. Dann fällt ihr wieder ein, dass sie morgen Vormittag im Polizeirevier vorbeikommen soll bei Oberkommissar Troch, der etwas mit ihr besprechen will. Der Arzt im Krankenhaus, der ihr den Arztbrief mitgegeben hat, hat ihr das gesagt, als sie Theo abholte. Theo war nämlich als „hilflose Person" in betrunkenem Zustand mitten in der Stadt aufgegriffen und ins Krankenhaus gebracht worden. Ein Glück, dass es so etwas wie die Polizei gibt. Isabel überlegt, wie sie Oberkommissar Troch dafür danken kann, dass er ihren Sohn gerettet hat. Vielleicht kann sie Troch auch fragen, wie das mit dem Führerscheinentzug werden wird. Ob sie dazu den Mut haben wird?

Theo Vier wird sie vorerst nichts von ihrem Termin bei Troch erzählen. Sie weiß ja nicht einmal, worum es geht. Es muss etwas mit der Alkoholvergiftung ihres Sohnes zu tun haben. Einer *leichten* Alkoholvergiftung. Das setzt sie in Gedanken jedes Mal hinzu. Mit Ecstasy ist jedenfalls gar nichts gewesen, das waren nur Lerntabletten. Bei diesem Gedanken fühlt sie sich beinahe gut. Ihr Theo gibt sich eben doch Mühe für die Prüfungen.

„Ich brauch einen Mittagsschlaf", sagt Theo Drei. „In der Nacht hab ich kein Auge zugetan."

„Ich auch nicht", seufzt Isabel Leberle. „Ich musste ununterbrochen an Marga und den armen Pedro denken." Und an die Sorgen mit ihrem Theo. Aber das behält sie für sich. Denn so schlimm es mit Theo auch sein mag, mit dem Ricco ist es auf alle Fälle schlimmer. Der kann jetzt seinen Abschluss nicht machen. Der sitzt ein in der Geschlossenen. Die arme Marga.

Theo Vier schaltet den Fernsehapparat ein und starrt auf den Bildschirm. Er zündet sich eine Zigarette an und raucht. Das beruhigt ihn. Viel denken kann er nicht. Seine Mutter regt sich immer auf, wenn er im Wohnzimmer raucht. Das ist nicht gut für die Dracaena, sagt sie. Der riesige Drachenbaum ist ihr ganzer Stolz, weil er genauso alt ist wie Theo. Hat irgendwer seinen Eltern zur Geburt des Juniors geschenkt.

Die Türklingel schrillt und hört nicht auf.

Du lieber Gott, sonntags um drei. Kann nicht sein. Um diese Zeit kommt kein Besuch. Da haben alle zu tun. Mit Mittagessen, mit Ausruhen. Egal, wer vor der Tür steht, Familie Leberle ruht sich aus vom Feuerwehrfest.

Theo stellt den Ton vom Fernseher lauter, um das Klingeln zu übertönen. Irgendwann muss das doch jeder begreifen, dass bei Leberles niemand gestört werden will.

Aber Theo Drei, sein Vater, schlurft schon zur Wohnungstür. Er muss die Treppe ganz hinunter, weil die Haustür abgeschlossen ist. „Ich komm ja schon!", ruft der Metzgermeister.

Theo geht zum Fenster. Zwei Polizeiwagen parken vor der Metzgerei. Vier Polizisten stehen vor der Tür, ein Schäferhund ist auch dabei. „Durchsuchungsbefehl", hört Theo und traut seinen Ohren nicht. „Sie gestatten, eine Razzia."

„Aber der Hund kommt nicht in die Metzgerei rein!", ruft Isabel Leberle. „Da gibt es Vorschriften."

„Die Metzgerei kommt nachher dran. Wir nehmen uns erst die Wohnung vor."

„Wir verkaufen nur anständige Ware, kein illegales Pferdefleisch", beteuert Isabel Leberle. „Möchten Sie zuerst ins Kühlhaus? Das ist vom Hof aus zugänglich."

„Wir sind keine Lebensmittelkontrolleure. Wir sind von der Rauschgiftfahndung."

Jemand muss ihn verpfiffen haben. Theo Vier versucht zu überlegen. Oh Gott, die werden so einiges finden. Vor allem ein paar Päckchen Gras und die Tüte mit dem Ecstasy. Warum hat seine Mutter ihm nicht gesagt, wo sie das Zeug hingelegt hat? Es sind zu viele Ecstasypillen. So viele darf man nicht haben, durchfährt es Theo. Bei dieser Menge ist der Besitz strafbar. Und das Gras riechen die Hunde sicher sofort. Darauf sind sie trainiert. Es wird Ärger geben, auf alle Fälle. Theo setzt sich wieder auf das Sofa.

„Bei uns nimmt keiner Drogen", sagt Theo Drei draußen im Flur. Es hallt von den Wänden wider.

„Sie müssen draußen warten", sagt einer der Polizisten. Theo Vier wendet den Kopf in Richtung Tür und sieht dem Hundeführer entgegen. Er ist groß und dunkelhaarig. Der riesige schwarze Schäferhund zieht aufgeregt und bleibt schnüffelnd und kratzend vor Theos Kinderzimmertür stehen. Theo erhebt sich und murmelt einen Gruß.

Während der Polizist mit dem Hund Theos Zimmer durchsucht, tritt der andere mit dem Igelkopf an Theo heran.

„Wie viel Geld hast du bei dir?", fragt er ihn.

Theo versteht die Frage nicht gleich. „Keine Ahnung", sagt er. Aber Polizisten stellen nicht einfach mal so eine Frage. Sie haben etwas im Hinterkopf. Dummerweise ist Theo viel zu aufgeregt, um klar zu denken. Dennoch begreift er, dass es für ihn brenzlig wird.

Der Hund schlägt an und setzt die Vorderpfoten auf den olivgrünen Rucksack. Der Hundeführer bückt sich, öffnet die Reißverschlüsse und hält die Nase daran. Dann hat er den Geldbeutel gefunden und zählt. „Hundertvierzig", sagt er und es hört sich an wie: Da haben wir es ja.

„Frau Leberle! Mein Name ist Timpe." Polizist Timpe wendet sich an Theos Mutter. „Wussten Sie, dass Ihr Sohn hundertvierzig Euro bei sich hat?"

„Das kann schon sein", antwortet Isabel Leberle wie aus der Pistole geschossen. „Wenn er in der Metzgerei mithilft, kriegt er Geld dafür. Hundertvierzig sind es gestern nicht gerade gewesen, aber zwei Fünfziger hab ich ihm vorgestern ausbezahlt."

Hundeführer Timpe ist einen Moment sprachlos.

„Ich kann Ihnen das im Rechnungsbuch unten zeigen. Das waren genau zwei Fünfziger."

„Aber er hat jetzt hundertvierzig im Rucksack. Das ist sehr viel für einen Sechzehnjährigen nach einem Discowochenende." Timpe zieht gerade die zwei leeren Wodka-Orange-Flaschen hervor.

„Die saufen alle zu viel, die jungen Leute. Mehr als wir damals", sagt Theo Drei.

„Theo, wie kommst du zu den hundertvierzig Euro?", fragt der Hundeführer.

„Du sagst gar nichts, du bist minderjährig!", fährt Isabel Leberle Theo an.

„Und, haben Sie Drogen gefunden bei Ihrer Razzia?", fragt Theo Drei laut und zornig.

„Bis jetzt noch nicht. Übrigens ist das Zimmer Ihres Sohnes gut aufgeräumt; ungewöhnlich gut für einen Jungen seines Alters."

„Unser Sohn ist eben ordentlich", sagt Isabel Leberle. „Das mit seiner Frisur ist nur äußerlich."

17. Kapitel: Ein Substanzmittelproblem

Ricco langweilt sich. Er hat einfach nichts zu tun auf der Geschlossenen. Er darf nicht raus und das Therapieprogramm füllt den Tag nur teilweise. Ricco geht in das Raucherzimmer.

Oben an der Wand flimmert der Fernseher. Karl-Heinz sitzt neben einem alten Mann auf dem Sofa und schaut Boxen. Der Alte sieht mit seinem langen grauen Bart aus wie Rübezahl. Er hat eine Zigarre in den Händen. Ricco setzt sich neben ihn und dreht sich eine Zigarette.

„Drehst du dem Karl-Heinz auch eine?", fragt sein Zimmergenosse und krallt die Finger in den rosa Softball.

Ricco nickt.

Zigaretten sind das knappste Gut auf der Station, aber ausgerechnet hier rauchen alle. Vermutlich, weil es so langweilig ist und alle sich schlecht versorgt fühlen, weil sie nicht rausdürfen. Man muss die Pfleger fragen, ob sie einem Zigaretten mitbringen, oder man muss Angehörige haben, die einem welche besorgen.

Marga Früh war noch nicht da. Ricco fragt sich, warum sie ihn nicht besuchen kommt. Wenn sie Pedro auf seiner Station im anderen Flügel des Krankenhauses besucht, gibt sie manchmal Sachen für ihn im Stationszimmer ab, will ihn aber nicht sehen. Sie kann ihm nicht verzeihen, dass er Pedro angegriffen hat.

Der Mann mit dem Rauschebart nickt Ricco zu. „Warum bist du denn hier? Du bist doch noch jung, da kann es nicht so schlimm sein mit der Abhängigkeit."

„Ich bin nicht abhängig. Ich wollte aus dem Fenster springen. Und ich hab meinen Bruder verletzt."

„Bei mir ist es der Alkohol", sagt der alte Mann. „Ich bin jetzt zum sechsten Mal hier."

„Also haben Sie fünfmal damit aufgehört?"

„Viel öfter. Man kommt ja nicht nach jedem Absturz hierher. Nur, wenn gar nichts mehr geht."

Ricco traut sich nicht zu fragen, was er damit meint.

„Ich war mal Mathelehrer", sagt der Alte und streicht sich mit den Fingern durch den Bart. „Das andere, das mit dem Alk, das hat ganz klein angefangen. Am Anfang waren es zwei Gläser Rotwein abends zum Entspannen und irgendwann zwei ganze Flaschen." Er bläst einen Rauchkringel mit seiner Zigarre. „Das mit der Sucht merkst du nicht, die schleicht sich ein. Und wenn du's merkst, ist's zu spät, dann hast du sie schon. Ich bin übrigens Peter Heil. Du kannst Peter sagen. Wir sind hier alle per du."

Ricco muss plötzlich an Lissi denken. Er fragt sich, ob sie auch eines Tages hier landen wird, um zum soundsovielten Mal erfolglos zu entgiften wegen dem ganzen Kokain. Wahrscheinlich nicht. Rolf hat ihm erklärt, dass das Krankenhaus der Stadt keine Entzugsklinik ist. „Der Chefarzt mag keine Junkies*", hat er gesagt. „Die müssen woanders hin."

„Ja, aber sie bringen die Junkies immer zuerst hierher", hat Karl-Heinz hinzugesetzt. „Zur Erstversorgung. Danach müssen sie raus aufs Land in eine psychosomatische Klinik, so heißen die Entzugskliniken."

Ricco ist ganz schwer ums Herz. Er denkt an seine Mutter und das ganze Valium, das sie schluckt. Ob das auch so was ist, das sich einschleicht und das man nie wieder loswird?

„Und warum sind Sie jetzt auf der Geschlossenen?",
fragt Ricco zaghaft. Einer, der mal Mathelehrer war?

„Zuletzt hab ich im Suff meine Wohnung zerlegt",
berichtet Peter Heil. Er lacht und sieht in die Runde.
Aber weder Karl-Heinz noch Ricco lachen mit.

„Er war im Delirium*", sagt Karl-Heinz. „So wie der
Karl-Heinz. Er hat überall Käfer gesehen. Hunderttau-
send Käfer sind über ihn gekrochen. Der Karl-Heinz
kennt das auch."

Nach drei Tagen auf der Geschlossenen ruft Dr. Martin
Ricco zu sich ins Büro und erklärt ihm, dass er demnächst auf die offene Station versetzt werden soll. Neben
ihm steht eine blonde Ärztin mit schwarzer Brille und
nickt bei seinen Worten. Sie stellt sich vor als Dr. Jebsen,
Stationsärztin von Station 3, der Offenen, der Ricco jetzt
zugeteilt ist. Mit ihrem blonden Pferdeschwanz findet
Ricco sie fast so nett wie Dr. Martin von der Geschlossenen.

„Sie nehmen am besten gleich an einer Sitzung unserer
Suchtgruppe teil", sagt sie. „Da können Sie jetzt schon
hin. Wir treffen uns zweimal die Woche in Raum 5 auf
unserer Station."

„Ich bin doch gar nicht süchtig", protestiert Ricco.

„Wir haben durchaus den Eindruck, dass Sie ein Sub-
stanzmittelproblem haben."

Dr. Martin nickt.

„Substanzmittel?", fragt Ricco.

„So nennen wir hier die Drogen. Unter Substanzmittel
versteht man alle möglichen Substanzen oder Stoffe, die
zur Berauschung eingenommen oder inhaliert werden,

wie Drogen, Medikamente, Klebstoff. Kommen Sie in unsere Gruppe. Da erkläre ich Ihnen mehr. Außerdem sprechen wir über den Kreislauf der Sucht. Das ist auf alle Fälle interessant."

Sie lächelt ihn aufmunternd an und Ricco überlegt, was das wohl sein kann: der Kreislauf der Sucht.

18. Kapitel: Rote Augen

Am Montag, an dem in der Schule die Abschlussprüfungen beginnen, liegt Theo im Bett und hat sich die Decke über die Ohren gezogen. Ihm ist schlecht, er fühlt sich furchtbar.

„Sieh mich an, wenn du's kannst", sagt seine Mutter.

Langsam kriecht er aus dem Schutz der Decke hervor. Was für ein Tag! Wie soll er das alles aushalten? Was mögen die seiner Mutter auf dem Polizeirevier nur erzählt haben?

„Es ist alles wahr", beginnt Isabel Leberle. Sie sitzt auf dem Drehstuhl vor Theos zerkratztem Schreibtisch. Ihre Augenlider sind dick vom Weinen. Sie hält eine kleine Visitenkarte in den Händen, die Oberkommissar Troch ihr mitgegeben hat.

„Was hast du mit den Tabletten gemacht?", will Theo wissen und richtet sich auf. Er könnte sie Wassili vielleicht zurückgeben. Allerdings müsste er sie dafür erst einmal haben.

Unten auf der Straße klappern die Mülltonnen, das Müllauto piept.

„Ich hab sie weggeworfen", sagt Isabel Leberle.

„Und wohin, Jibinho? Los, Mama, sag schon!"

„In den Müll."

„An mich denkst du wohl überhaupt nicht. Ich brauch die unbedingt."

„Jetzt reicht's!", sagt Isabel Leberle. „Du hast mich angelogen. Das war kein Ritalin. Das waren Ecstasypillen. Außerdem hast du von Freitag auf Samstag die Wodkaflaschen leergesoffen und Cannabis geraucht."

Theo widerspricht nicht. Am liebsten würde er wieder unter die Decke flüchten.

„Du bist nicht krank", sagt Isabel Leberle. „Du hast ein Drogenproblem. Der Herr Oberkommissar hat gesagt, es ist noch nicht zu spät. Wir müssen etwas unternehmen."

„Ich hab kein Drogenproblem. Ich bin nicht abhängig", sagt Theo. „Überhaupt nicht. Ich hab nur ein bisschen Gras geraucht ab und zu. Gegen den Stress. Das machen alle."

„Das machen nicht alle", erwidert Isabel Leberle. „Die meisten tun es nicht."

Eine Weile sagt keiner etwas, weil das Gespräch so mühsam ist.

Jeder Satz tut weh, findet Theo und möchte sich am liebsten eine Zigarette anstecken, weil es dann leichter wird zu reden. Aber jetzt geht es nicht. „Also, du kannst dich beruhigen. Süchtig ist etwas ganz anderes", sagt er schließlich.

„Aber du hast rote Augen gehabt, als sie dich aufgegriffen haben. Du konntest nicht mehr stehen und nicht mehr gehen."

„Mama, die haben fast nichts in meinem Zimmer gefunden. Nur ein paar Krümel Gras. Nicht einmal zwei Gramm."

„Doch nur, weil ich vorher aufgeräumt habe." Isabel Leberle sieht ihren Sohn fest an. „In Wirklichkeit ist es ganz schlimm mit dir. Der Oberkommissar hat gesagt, es könnte sein, dass du auch Drogen verkauft hast. Sie können es nicht beweisen, aber jemand war da und hat gesagt, du hättest Ricco Haschisch* gegeben. Und wenn du so weitermachst, hat Herr Troch gesagt, dann steh ich bald immer öfter bei ihm auf dem Polizeirevier und hol dich ab."

Theo schluckt.

Isabel Leberle schluckt ebenfalls, aber sie weint nicht. „Du hast dich verändert. Du bist nicht mehr wie früher", stellt sie fest.

„Ich hab kein Problem! Ich fühl mich nur ziemlich schlecht. Irgendwie krank. Als ob ich Fieber hätte."

„Ich bring dich zum Arzt. Dem sag ich es auch. Das mit dem Wodka und den Drogen. Der muss schließlich wissen, was man da unternimmt."

Theo widerspricht ihr nicht. Dann zieht er sich die Decke über den Kopf. Er will schlafen.

„Ich ruf Onkel Ignaz an", sagt seine Mutter. „Dem kann ich erzählen, was passiert ist. Vielleicht fällt ihm ein, was wir mit dir tun können."

Sie soll ihn endlich in Ruhe lassen. Sie soll endlich rausgehen. Er hat zu viele Probleme. Die Klausuren. Die Abschlussprüfung. Wassili, der das Geld von ihm will. Ricco in der Geschlossenen. Und auch noch Fieber.

„Ich will dir doch nur helfen." Das ist seine Mutter, die einfach nicht geht.

„Mir kann keiner helfen", sagt Theo laut und deutlich unter der Decke. „Ist zu kompliziert. Versteht ihr nicht."

19. Kapitel: Ich glaub dir kein Wort

„Sind Sie sicher, dass ich eine Depression habe?", fragt Ricco. Er sitzt Frau Dr. Jebsen im Arztzimmer gegenüber und kann ihre Diagnose nicht richtig fassen.

„Sie haben hauptsächlich eine Adoleszenzkrise, eine Reifungskrise. Viele junge Menschen in Ihrem Alter haben das. Damit Sie die derzeitige depressive Phase besser meistern können, möchten wir Sie noch eine Zeit lang hierbehalten, bis wir die Medikamente richtig eingestellt haben. Sie sollten eine Gesprächs- oder eine Maltherapie machen."

„Werde ich davon dünner?"

„Von den Medikamenten? Nein, aber Sie könnten zusätzlich etwas Sport machen. Regelmäßiger Sport würde Ihre Stimmung sicher aufhellen. Gehen Sie doch in unseren Tischtennisraum am Ende des Gangs. Da sind immer ein paar Leute, die spielen wollen."

„Eigentlich möchte ich zuerst meinen Bruder besuchen", murmelt Ricco. Seine Mutter war immer noch nicht bei ihm und er hat sich nicht getraut, sie von sich aus anzurufen und um einen Besuch zu bitten. Rolf, der ab und zu auf der Offenen vorbeischaut, hat ihm erzählt, dass Pedro nun auf der chirurgischen Station im zweiten Stock liegt, nicht mehr auf der Intensivstation.

„Dann tun Sie es", sagt die Ärztin.

„Ich würde es gerne, aber ich hab Angst."

„Sie entscheiden, was Sie tun und wann Sie es tun."

Ricco nickt.

„Denken Sie daran: Die Angst wird nicht kleiner, sondern größer, je länger Sie warten", fügt Dr. Jebsen hinzu.

Ricco senkt den Kopf. „Ich überleg's mir noch mal", sagt er leise und verlässt das Arztzimmer.

Er hat Küchendienst. Heute Nachmittag ist er dran, die Geschirrspülmaschine auf der Station auszuräumen und den Tisch für das Abendessen zu decken. Er stellt gerade die Trinkbecher neben die Teller in der großen Küche, die zugleich eine Art Aufenthaltsraum ist. An der Wand hängen Zeitungen, in denen man lesen kann.

„Ich fass es nicht!", schreit plötzlich eine wohlbekannte Mädchenstimme.

Ricco fällt der Plastikbecher aus der Hand, den er gerade aus dem Schrank geholt hat.

„Mein Dummi!", ruft Lissi. „Ich dachte, du bist im Knast!"

„Oh, Lissi", bringt Ricco gerade so heraus. „Was machst du denn hier auf der Station?"

„Nur ein bisschen Entgiftung*." Lissis Stimme klingt fröhlich und aufgedreht. Sie trägt enge lila Röhrenjeans, ein weißes Top und lange spitze Silberohrringe. Ihr Haar hat sie heute nach hinten gekämmt und zusammengeknotet. „Und du, Dummi?"

„Ich? Du weißt doch." Schließlich war sie ja mehr oder weniger dabei, als er auf Pedro losgegangen ist. „Außerdem hab ich eine Depression."

„Du und Depression? Ich glaub dir kein Wort."

20. Kapitel: Luginsbühl

Für Theo ging alles zu schnell. In den zwei Wochen nach dem Feuerwehrfest haben seine Eltern beschlossen, ihn nach Luginsbühl in der Schweiz zu schicken. Er ist nicht einmal gefragt worden, ob er überhaupt in das Internat, das sein Onkel leitet, will. Ihm ist gar nichts anderes übrig geblieben, als einverstanden zu sein. Die Abschlussprüfungen an seiner Schule in Marklingen hätte er ohnehin nicht geschafft. Ganz unabhängig davon, dass er eine Woche mit Schüttelfrost und Fieber im Bett liegen musste. Die Nacht auf der Spielplatzbank ist ihm nicht so gut bekommen. Er fühlt sich immer noch schwächlich. Wenigstens ist das Fieber weg.

Seit dem frühen Morgen sind Theo Drei und Theo Vier schon unterwegs. Sie haben den kleinen Firmenwagen genommen. Theo Vier hat sein grünes Lieblings-T-Shirt an und hält den olivgrünen Rucksack vor sich. In dem hat er zwei Dosen Bier, Papierchen für Selbstgedrehte und Tabak verstaut, kein Gras. Außerdem noch die Mundharmonika und zwei Tüten Lakritzkonfekt. Im Kofferraum liegen eine Reisetasche, ein Koffer und sein Skateboard.

Der Frühnebel in der Rheinebene hat sich inzwischen aufgelöst. An der Grenze kauft Theo Drei die Autobahnvignette für die schweizerischen Autobahnen. Hinter der Grenze halten sie kurz an. Im Rasthaus verzehren beide Theos einen Milchkaffee und dazu ein Croissant. Auf der Fahrt haben sie bis hierher kein Wort miteinander gesprochen. Theo Vier hat die ganze Zeit angestrengt aus dem Fenster geschaut.

Erst nach dem Kaffee hat Theo Drei – wie immer nach einem Kaffee – gute Laune und ist gesprächig. „Ja, da wirst du jetzt also deinen Schulabschluss bei Onkel Ignaz im Internat machen. Benimm dich anständig und mach keinen neuen Ärger."

„Ich mach schon keinen Ärger", brummt Theo Vier.

„Demnächst beginnen in der Schweiz die Sommerferien. Was ich sagen wollte …" Theo Drei macht eine Pause. „Also, du bleibst in den Ferien im Internat. Da gibt es sogar ein Beschäftigungsprogramm für die Zurückgebliebenen."

Für die Zurückgebliebenen. Sie wollen ihn nicht zu Hause in Marklingen haben. Theo weiß nicht, wie er das finden soll. Aber angesichts der Sache mit Wassili ist es vielleicht besser so.

„Nimm noch ein Ei und ein Sandwich", schlägt Theo Drei vor. „Du hast noch nicht genug gefrühstückt. Wir kommen in einer Stunde an und Onkel Ignaz wird mit dir reden wollen. Da ist es besser, du hast was im Magen."

„Ich krieg's nicht runter", sagt Theo Vier. Er muss unbedingt eine Zigarette rauchen, seine Hände zittern schon, aber er wagt es nicht in Anwesenheit seines Vaters.

„Das Internat wird dir guttun", sagt der Metzgermeister. „Sie werden dir zum Beispiel beibringen, wie man sein Zimmer aufräumt."

„Ich möchte nicht, dass darüber geredet wird, wo ich bin", erklärt Theo. „Internat, das hört sich an wie Mädchenpensionat. Es ist mir peinlich."

„Es braucht dir nicht peinlich zu sein. Vor allem kostet es Geld", stöhnt sein Vater.

Egal, denkt Theo, Hauptsache weit weg von Wassili.

„Ignaz wird dir den Unsinn abgewöhnen, der wird mit dir fertig", seufzt Theo Vier erleichtert.

Wieder beschleicht Theo ein Gefühl der Beklemmung. Er ist so etwas wie ein Druffi, einer, der Drogen braucht, um sich gut zu fühlen. Was, wenn der Onkel ihn deshalb nicht nimmt? Wer bestimmt das überhaupt? Vielleicht veranstaltet Onkel Ignaz eine Konferenz, schildert seinen Fall und lässt dann darüber abstimmen. Was, wenn sie ihn wieder zurückschicken?

Theo Vier fallen die Augen zu trotz des Kaffees, den er getrunken hat. Autofahren macht ihn immer müde. Als er sie öffnet, fahren sie durch einen Tunnel. Danach kommt ein See, von hohen Bergen umgeben, und als er ihn anschauen will, verschluckt sie schon wieder ein Tunnel. Dahinter kommt der See erneut zum Vorschein. Sie biegen ab auf eine Seitenstraße. Es geht in Serpentinen hoch und höher, wieder durch einen Tunnel und an Bergwiesen mit Kühen vorbei zu einem weiteren See. Theo nickt wieder ein. Er fährt zusammen, als sein Vater gerade den Firmenwagen parkt.

Benommen von der Fahrt taumelt Theo Vier hinter seinem Vater auf das Schulgebäude zu. Es ist ein moderner, holzverkleideter Bau mit runden Dachgauben und großen Fenstern. Davor fließt ein kleiner Bach. Sie überqueren eine Brücke. Kinder spielen Ball auf dem Platz vor der Schule. Hinter dem modernen, großen Gebäude stehen zwei ältere, spitzgiebelige Bauernhäuser; das eine ist auffallend gelb gestrichen, das andere grün.

Der Eingang sieht aus wie der einer ganz normalen Schule, findet Theo, außer dass drinnen ziemlich viele

Pflanzen herumstehen: Palmen, Blattpflanzen und riesige Affenbrotbäume.

Vor der verglasten Pförtnerkabine bleiben sie stehen. Theo Drei murmelt „Grüezi" und noch ein paar unverständliche Sätze. Sie nehmen die Treppe in den ersten Stock und gehen einen mit Teppichboden belegten Gang entlang. Sieht doch eher nach Privathaus aus, gar nicht nach Schule, denkt Theo. Trotzdem fühlt er sich komisch. Sein Vater schleppt Koffer und Reisetasche, Theo trägt den Rucksack und seine Schultasche, das Skateboard hat er unter den Arm geklemmt.

„Da ist das Büro von Onkel Ignaz." Theo Drei bleibt stehen und klopft. „Also dann", sagt er.

„Du kommst doch mit?"

„Ich hab alles abgesprochen. Onkel Ignaz will mit dir unter vier Augen sprechen." Er zögert und fügt dann hinzu: „Also, ich fahr jetzt wieder heim nach Marklingen. Deine Sachen hast du ja. Wenn du noch was brauchst, kannst du anrufen."

„Aber willst du nicht mit Onkel Ignaz sprechen?"

„Ach", sagt Theo Drei gedehnt. „Der mit seiner Bücherleserei weiß immer alles besser."

„Trotzdem", beharrt Theo Vier.

„Ich muss zurück nach Hause. Jetzt, wo deine Mutter den Führerschein abgeben musste, geht's da nicht ohne mich. Vielleicht komm ich an einem der nächsten Wochenenden noch mal vorbei wegen der Unterschriften." Theo Drei knöpft seine Jacke zu, lächelt matt und geht.

Ganz schön feige von ihm, schießt es Theo durch den Kopf. Er kann tote Schweine und Rinder zerlegen, aber vor seinem Bruder läuft er davon.

21. Kapitel: Eine Pflanze retten

Theo fühlt sich verlassen. Sein Vater hätte ihn wenigstens noch zu seinem Onkel begleiten können.

Die Tür öffnet sich, der Onkel steht Theo Vier gegenüber. Mit dem weißen Backenbart sieht er aus wie der Nikolaus oder der heilige Petrus, irgendwie feierlich. Er trägt einen grauen Anzug und eine dunkelrote Krawatte auf einem hellen Hemd.

Jibinho, denkt Theo. Doch kein schwarzer Anzug mit schwarzer Krawatte, und plötzlich freut er sich. Auch Onkel Ignaz lächelt. Eine rote Krawatte ist gut. Theo hält sie in diesem Augenblick für ein gutes Zeichen. Ein Zeichen dafür, dass er es schaffen wird.

„Grüezi", sagt Ignaz Leberle. „Komm rein, Theo. Das Gepäck kannst du hier neben die Tür stellen." Der Ton, in dem er jetzt spricht, ist anders als sonst, sachlicher. „Gleich zu Anfang: Hier bin ich nicht Onkel Ignaz, sondern Herr Schulleiter."

Theo will lachen, doch das Lachen bleibt ihm im Hals stecken.

„Setz dich." Onkel Ignaz führt ihn zu einer Sitzgruppe mit einem Holztisch und einer grauen Couch. Beide nehmen Platz, Theo auf dem Sofa, der Onkel auf dem Sessel ihm gegenüber. „Zeig mir deine letzten Zeugnisse. Du hast sie sicher dabei."

Vielleicht nimmt er ihn nicht. Was um Himmels willen, wenn Ignaz Leberle ihn nicht nimmt? Vielleicht sind seine Zeugnisse nicht gut genug. Warum will er sie überhaupt sehen? Theos Herzschlag beschleunigt sich. Er kramt in seinem Ordner und legt die Zeugnisse auf den

Tisch. Eins nach dem anderen. In Sozialverhalten hat er auf den letzten beiden nur eine Drei. Er hat sie bekommen, weil er immer irgendetwas vergisst. Er ist sehr vergesslich geworden in letzter Zeit.

„Was? Eine Drei in Sozialverhalten? Prügelst du dich auf dem Schulhof?", fragt Onkel Ignaz.

„Nein. Ich habe ab und zu geraucht und ich vergesse dauernd meine Sachen."

„Was für Sachen?"

„Turnzeug, Unterschriften, Hausaufgaben, Bücher. Alles, was man vergessen kann."

„Und warum bist du so vergesslich?"

Warum ist er so vergesslich? Woher soll er das wissen, Jibinho?

„Könnte es sein, dass du ab und zu einen Joint* rauchst und zu viel Alkohol trinkst?", bohrt Ignaz Leberle weiter.

Zweifellos haben seine Eltern dem Onkel am Telefon zu viel erzählt.

„Weiß nicht", erwidert Theo. „Nicht mehr als alle andern auch. Hier mal was und da mal was."

Onkel Ignaz reicht Theo zwei Papierbögen. „Lies das durch. Du musst es dann unterschreiben."

Theo überfliegt die Seiten. Er soll sich verpflichten, ein Jahr lang nicht zu rauchen, keinen Alkohol zu trinken und keine Drogen zu nehmen. Ferner soll er akzeptieren, dass jederzeit unangekündigte Urinproben genommen und auf Drogenmissbrauch getestet werden dürfen.

„Als Belohnung darfst du dann auch an der Nichtraucherreise in den Europapark teilnehmen."

Theo hat nicht die mindeste Lust auf eine Nichtraucherreise, wohin auch immer. Das behält er aber für sich.

„Was ist, wenn ich doch rauchen würde? Was passiert dann?"

„Dann musst du einen Rauchervertrag unterschreiben. Rauchen darfst du nur in einem abgetrennten Teil des Schulhofs, nicht in den Gebäuden und nicht auf dem allgemeinen Pausenhof."

„Gut, ich unterschreibe den Rauchervertrag", sagt Theo schnell.

„Aber damit bist du ein Außenseiter", warnt Onkel Ignaz. „Nur wenige Schüler bekennen sich öffentlich zum Rauchen. Den Vertrag, dass du ein Jahr lang keine Drogen nehmen wirst und auf Alkohol verzichtest, musst du trotzdem unterschreiben."

Gut, denkt Theo. Das ist anscheinend die Bedingung für die Aufnahme. Mal sehen, was an dieser Schule wirklich läuft. Es gibt sicherlich Schüler in seinem Alter, die Alkohol trinken. Er starrt auf das Vertragsformular. Wahrscheinlich trinken die alle nur heimlich. Darauf wird es hinauslaufen.

Der Onkel legt ein weiteres Blatt Papier neben den Vertrag, es ist der Rauchervertrag. „Wir sind eine gesundheitsfördernde Schule", sagt Onkel Ignaz. „Gesundheitsförderung verbessert die Schulqualität."

„Ah ja."

„Gesundheit ist ein Weg, der sich bildet, wenn man ihn geht und gangbar macht."

„Ja, ja", sagt Theo.

„Hast du verstanden, was ich damit sagen will?"

„Ja, ja."

„Gesundheit ist kein Zustand, Gesundheit ist ein Weg, der sich bildet, wenn man ihn geht und gangbar macht."

Onkel Ignaz spricht langsam und bedächtig mit seinem komischen schweizerischen Tonfall. „Das ist so."

Theo kichert.

„Jetzt zeige ich dir die Schule und die Wohngebäude für die Internatsschüler. Komm mit."

Sie haben die Cafeteria erreicht, die sich rechts neben dem Eingangsbereich befindet. Die Wände sind terrakottafarben gestrichen, viereckige Tische mit heller Oberfläche sind in Fünfergruppen aufgestellt, dazwischen hölzerne Trennwände. Die geschwungenen Plastikstühle sind cremefarben. Ein paar große Pflanzen stehen in dunkelblauen Keramiktöpfen zwischen den Sitzgruppen. Onkel Ignaz nimmt an einem Tisch Platz und Theo setzt sich neben ihn.

Der Schulleiter greift nach dem Schopf eines Drachenbaums und streichelt die langen Blätter. „Siehst du diese Pflanze?"

„Ja, es ist ein Drachenbaum, eine Dracaena. So eine haben wir auch zu Hause im Wohnzimmer."

„Die hier habe ich vor ein paar Jahren gerettet. Bei einem Spaziergang habe ich sie aus einer Abfalltonne herausgezogen."

„Ah ja", sagt Theo.

„Jeder Schüler in Luginsbühl ist verpflichtet, einmal im Schuljahr eine Pflanze zu retten und aufzuziehen."

„Ich auch?", fragt Theo und ist ratlos. Wie um Himmels willen soll er eine Pflanze retten? Da müsste er ja erst einmal eine finden, an der etwas zu retten ist.

„Erkundige dich bei den anderen Schülern. Sie werden dir helfen. Es gibt einige Möglichkeiten."

„Kann es auch ein Baum sein? Oder ein Strauch?"
Einen Baum retten, das wäre doch was. Oder ein Waldstück davor bewahren, abgeholzt zu werden.

„Auf die Größe kommt es nicht an. Irgendeine beliebi-
ge Pflanze. Denk darüber nach."

Ein junger Mann in grauer Cordhose und weißem
Hemd kommt auf sie zu und bleibt vor ihnen stehen.

„Das ist dein neuer Klassenlehrer, Herr Weder. Beat
Weder", stellt Ignaz Leberle seinen Kollegen vor.

Theo springt auf und reicht seinem neuen Lehrer die
Hand. „Grüezi", sagt er. „Ich bin Theo Leberle aus Marklingen."

„Grüezi, Theo", sagt Beat Weder mit einer mädchen-
haft hellen Stimme, die zu seinem kindlich wirkenden
Gesicht passt. Theo überlegt, dass er höchstens doppelt
so alt wie er selbst sein kann. Vermutlich alt genug, aber
er kommt ihm doch irgendwie zu jung vor für einen
schwierigen Fall, wie er es ist.

Sein Onkel blickt ihn noch einmal ernst an, bevor er
geht. „Und das Wichtigste, Theo: Alles, was du tust, hat
eine Konsequenz. Merk dir das!"

Nach diesen Worten geht er davon. Schon zum zweiten
Mal an diesem Tag fühlt Theo sich verlassen.

22. Kapitel: Polytox

Ricco mag den Raum mit dem grauen Linoleumboden und den langen hellblauen Vorhängen an den Fenstern, in dem die Gruppensitzungen stattfinden. Einmal die Woche ist Stuhlkreis, in dem alle aus der Offenen zusammensitzen. Heute hat Lissi auf dem Stuhl in der Mitte Platz genommen. Sie hält ein kleines blaues Kissen in der Hand. Wer das Kissen in der Hand hat, darf sprechen. Ihr rechtes Bein zittert unaufhörlich. Ricco findet, dass sie mit ihrem langen blonden Haar aussieht wie eine aus ihrem Schloss vertriebene, kranke Prinzessin.

„Ich bin Lissi", sagt sie. „Ich bin polytox."

Wie alle im Raum inzwischen wissen, bedeutet das, dass einer mehr als nur eine Droge nimmt.

„Und ich bin das achte Mal hier, glaub ich." Sie lacht verlegen. „Ich fühl mich hier richtig zu Hause. Aber diesmal bin ich mehr oder weniger aus Versehen hier."

Natürlich glaubt ihr keiner, dass sie irrtümlich hier gelandet ist.

„Doch", sagt Lissi und richtet den Oberkörper auf. „Ich war 'ne ganze Weile total clean*." Sie fixiert einen Punkt an der Decke des Raums. „Aber vor ein paar Monaten hatte ich irre Zahnschmerzen und bin zum Zahnarzt. Der hat mir im Mund rumgebohrt und mir vorher 'n paar Pillen gegeben. Ich hab mich super gefühlt, weil nichts wehgetan hat, auch hinterher nicht. Ich bin nach Hause gegangen und ganz normal wieder zur Schule und morgens hab ich die Pillen geschluckt."

Ricco streichelt sie mit den Augen, während er ihr zuhört.

„Und dann fühle ich mich an einem Morgen in der Schule so komisch kribbelig und rundum gut. Wie neu." Wieder macht sie eine Pause. „Und dann raff ich erst, was der Doktor mir verschrieben hat: Codein*. Das ist ein Opiat*. Deswegen hat's wieder voll angefangen und nach ein paar Wochen war ich wieder total drauf. Benzos, Koka*, Amphe*, alles halt, und meine Eltern haben mich hier eingewiesen." Lissi lacht ein trockenes, hartes Lachen. „Ritzen* tu ich mich auch, davon wird man ja ebenfalls total süchtig. Aber das mach ich sowieso schon seit zwei Jahren."

Ricco bleibt der Mund offen stehen. Er hatte keine Ahnung, dass Lissi so schlecht drauf war, schon die ganze Zeit über, als sie noch in der Schule war.

Sie sieht nicht zu ihm hin, sie sieht an allen vorbei.

Dr. Jebsen steht die ganze Zeit vor der Tafel, die Arme vor der Brust verschränkt, und hört zu. Hinterher, als Lissi fertig ist, fängt sie an zu erklären. „Kleine Reste der Drogen bleiben im Fettgewebe des Körpers. Noch Wochen und Monate nach der Einnahme sind sie in winzigen Spuren vorhanden als Metaboliten*, obwohl sie im Blut oder Urin nicht mehr nachweisbar sind."

Fast wie in der Schule, denkt Ricco. Hier im Krankenhaus lernt er eine ganze Menge Sachen, die ihm vorher keiner erklärt hat. Und Lissi ist da. Eigentlich geht es ihm gar nicht schlecht. Da fällt ihm wieder ein, dass er unbedingt zu Pedro gehen muss. Er schiebt es schon die ganze Zeit vor sich her. Morgen wird er es tun, gleich nach dem Frühstück wird er ihn besuchen. Oder übermorgen. Er hat immer noch Angst davor.

23. Kapitel: Das gelbe Huus

Es ist Theos zweiter Tag im Internat in Luginsbühl. Er blickt noch nicht richtig durch. Das Internat ist eine kleine Welt für sich. Sein Klassenlehrer, Beat Weder, wohnt wie einige andere Lehrer im Erdgeschoss des gelb gestrichenen Giebelhauses hinter dem „Schulhuus". Die älteren Schüler haben ihre Zimmer im ersten und zweiten Stock des alten Bauernhauses, das sie alle „das gelbe Huus" nennen. Die Wände im Gang sind mit Holz verkleidet. Überall hängen kleine Schilder mit Verboten und Hinweisen wie *Schuhe ausziehen* oder *Hier Hausschuhe abstellen*. Im Aufenthaltsraum im Erdgeschoss gibt es eine Fernsehecke mit einem Couchtisch und einer Sitzgruppe. Am Fernsehapparat ist ein Aufkleber befestigt: *Beim Verlassen des Raums immer abschalten*. Auf der Tischfläche klebt ein Zettel mit der Aufschrift: *Hier nicht essen und trinken. Dann halten die Polster länger*. Und auf dem Kühlschrank in der Teeküche steht: *Bitte immer ehrlich sein. Jedes Getränk 1.50 Franken*. An allen Türen ist zu lesen: *Kein Essen in den Raum mitnehmen*.

Theo teilt sein Zimmer mit dem gleichaltrigen Felix aus seiner Klasse. Natürlich ist Felix Nichtraucher. Er hat Theo alles Mögliche in seinem schweizerischen Dialekt erklärt, doch Theo hat ihn kaum verstanden.

„Was machst du da?", fragt Theo, während sein Mitbewohner Bücher, Stifte und Kleidungsstücke hin- und herträgt.

„Ich räume auf." Felix sieht ihn vorwurfsvoll an. „Dabei bin ich schon zweimal über dein Skateboard gestolpert. Leg es bitte oben auf den Schrank."

„Schon gut", murmelt Theo. Er muss möglichst bald raus in den Schulhof und sich in die Raucherabteilung stellen.

„Willst du nicht deinen Koffer ausräumen? Die unteren Fächer des Wandschranks sind für dich."

„Morgen", sagt Theo.

„Aber der Koffer steht im Weg."

„Ja und?"

Felix verdreht die Augen. „Unten im Keller befindet sich ein Bügelraum. Da kannst du deine Sachen bügeln."

Theo hat noch nie gebügelt. Er will auch nicht bügeln. Wozu?

„Die Waschmaschinen sind auch im Keller. Soll ich sie dir zeigen?"

„Morgen", winkt Theo ab. Dieser Ordnungsfanatiker wird ihn wahnsinnig machen. Das weiß er jetzt schon.

Die Bewohner jedes Gangs bilden eine Gruppe. Theo steht im Flur vor seiner Zimmertür. Felix hat ein Mädchen herbeigeholt, das Theo bis jetzt noch nicht gesehen hat, obwohl es auch in seine Klasse geht. Alice heißt sie. Und Theo findet es plötzlich gut, dass er hier ist.

„Hier im gelben Huus haben wir drei Gruppen. Du gehörst in meine", erklärt das Mädchen. Sie hat rötliches, lockiges Haar, das ihr in den Nacken fällt, Sommersprossen im Gesicht und grüngraue Augen. Sie trägt einen dunkelgrünen Häkelpullover in Übergröße, Jeans und weiße Turnschuhe. Nicht zu groß und nicht zu klein ist sie, nicht zu dick, nicht zu dünn.

Theo kann die Augen nicht von ihr abwenden und hört ihr fasziniert zu.

„Kein Schüler darf das Gelände ohne Erlaubnis des Erziehers verlassen. Jedes Mal, wenn du rausgehst, um zum Beispiel im Laden einzukaufen, musst du dich in der Liste austragen."

„Und wer ist der Erzieher?"

„Herr Weder", sagt das Mädchen.

„Ah, ich dachte schon, Sie wären die Erzieherin."

„Ich bin die Gruppenälteste, weil ich schon neunzehn bin. Du darfst mich duzen. Komm zu mir, wenn du Probleme hast."

„Ich hab keine Probleme", stößt Theo hervor, nur um etwas zu sagen.

„Alle, die hier sind, haben ein Problem", erwidert Alice.

24. Kapitel: Einen Schlussstrich ziehen

Heute hat Lissi Küchendienst und räumt die Geschirr-spülmaschine aus. Ricco hilft ihr. Lissi ist stark geschminkt. Sie hat die Augen mit Lidstrich betont und ihre Lippen sind etwas zu grellrot angemalt. Am liebsten würde Ricco sie einfach nur anschauen. Das wird ihm nie langweilig.

„Leihst du mir zehn Euro, Dummi?"

Ricco hat nur noch fünf Euro in der Tasche und davon will er ein Geschenk für Pedro kaufen. In der Eingangshalle unten gibt es einen Kiosk mit Süßigkeiten, Zeitungen und Blumen.

„Du kriegst sie morgen wieder zurück, wirklich", bettelt Lissi.

„Ich hab kein Geld mehr", lügt Ricco mit letzter Kraft und sieht weg von ihr.

„Doch, hast du", sagt sie und streichelt ihn. „Soll ich nachgucken?"

Er wird feuerrot, weil Pfarrer Wissle gerade in den Aufenthaltsraum hineinschaut.

„Lass mich", sagt er und versucht sie wegzuschieben.

„Störe ich?", fragt der Pfarrer.

„Überhaupt nicht", sagt Ricco und ist froh, dass sein Religionslehrer schon da ist. Pfarrer Wissle ist auch Krankenhausseelsorger. Sie haben verabredet, gemeinsam zu Pedro zu gehen. Allein schafft Ricco es nicht.

„Du, das find ich nicht gut, dass du mir nichts leihen willst", sagt Lissi.

Egal, wie sie ihn findet, er muss jetzt endlich zu Pedro. Und er muss ihm ein Geschenk mitbringen. Irgendwas.

„Bitte bleiben Sie da!", ruft Ricco, reißt sich von Lissi los und hastet zur Tür, wo Wissle wartet.

„Du hängst sehr an Lissi, nicht wahr?", fragt der Pfarrer, als sie draußen vor der Station am Fahrstuhl stehen.

„Ja", murmelt Ricco. „Aber sie will immer Geld von mir leihen. Und ich glaube, sie kauft sich damit Stoff. Kommt man auch im Krankenhaus an Rauschgift ran?"

„Leider ja."

Der Fahrstuhl hält und sie steigen ein.

„Es ist ja eine offene Station. Wer will, kann sich für Geld alles besorgen. Genauso wie draußen in der Stadt."

Unten in der Eingangshalle am Kiosk kauft Ricco den neuesten *Spiegel* für seinen Bruder, weil Pedro leidenschaftlich gerne liest, und ein paar Kaugummis für Lissi.

Pfarrer Wissle nickt ihm aufmunternd zu. „Wir gehen zusammen rein, reden ein bisschen und dann verschwinde ich wieder und lasse euch allein", schlägt er vor.

„Bitte bleiben Sie bei mir. Pedro ist bestimmt wütend auf mich."

„Das ist er nicht. Ich habe mich mit ihm unterhalten."

Ricco möchte sich am liebsten an Pfarrer Wissle festhalten, schämt sich aber. Sie stehen jetzt vor dem Eingang der chirurgischen Station. Die große Glastür schwingt auf und sie treten ein. Es riecht hier anders als auf der offenen psychiatrischen Station. Nach Desinfektionsmitteln. Über den Gang humpeln Leute mit Kopfverbänden in Schlafanzügen und Bademänteln. Ein Mann schiebt im Gehen einen Infusionstropf neben sich her. Ricco umklammert die Zeitschrift.

Der Pfarrer betritt das Krankenzimmer, Ricco folgt ihm wie ein Schatten. Drei Betten stehen im Raum, zwei sind leer, Pedro liegt im Bett vor dem Fenster und telefoniert. Neben ihm steht ein Infusionsständer. Jetzt hat er den Besuch bemerkt und wendet sich Pfarrer Wissle zu. „Ricco!", ruft er dann. „Da bist du ja endlich!"

Ricco lässt den *Spiegel* auf das Bett fallen. „Hab ich dir mitgebracht." Mehr kann er nicht sagen.

„Setzt euch irgendwo hin", sagt Pedro.

Ricco nimmt ganz behutsam auf der Bettkante Platz und betrachtet seinen Bruder. Er war schon immer dünn und hatte einen angespannten Gesichtsausdruck. Jetzt ist er noch dünner und sieht noch strenger aus als sonst. Ricco streckt die Hand aus und greift nach der von Pedro. „Tut mir leid, dass ich so ein Schwein war", sagt er.

Pedro wirft ihm einen komischen Blick zu. „Ja, sieht so aus, dass ich noch ein paar Tage hierbleiben muss. Die Lunge hat was abgekriegt. Das braucht Zeit."

Ricco möchte seinen Bruder am liebsten fragen, ob er Schmerzen hat, ob die Verletzung wieder ganz heilen wird, ob Pedro wieder Sport machen kann wie vorher. Aber er fürchtet sich vor den Antworten. Und so sieht er Pedro nur schweigend an.

„Ich mach mir Sorgen um dich", beginnt Pedro und lässt Riccos Hand dabei nicht los. „Alles, was passiert ist, kommt nur davon, dass du dich auf diese Schlampe eingelassen hast. Ich hoffe, du bist jetzt kuriert."

Ricco wirft Pfarrer Wissle einen Blick zu. Pedro darf nicht erfahren, dass er gerade von Lissi kommt. Wissle steht am Fenster und schaut hinaus.

„Versprich mir, dass du keine Drogen mehr anrührst! Nie mehr!"

„Ich versprech's dir", flüstert Ricco.

„Schwör's! Dass du es nie wieder tust. Keinen Krümel Gras mehr in diesem Leben."

„Ich schwör's."

„Ricco, nimm es ernst! Schwöre beim Leben von Mama, dass du keine Drogen mehr anrührst! Du darfst schon mal ein Bier trinken. Aber Gras und den anderen Dreck, der für ein paar Euro überall zu haben ist, den rührst du nicht mehr an! Das Zeug ist unberechenbar!"

Ricco hebt die Hand und leistet den Schwur genau so, wie Pedro ihn verlangt hat. Beim Leben von Marga Früh.

„Gut", sagt Pedro. „Damit bin ich zufrieden. Ich trag dir nichts mehr nach. Wir ziehen jetzt einen Schlussstrich und reden nicht mehr über den Abend, an dem du auf mich losgegangen bist."

Ricco kann nicht antworten. Er muss schlucken.

„Und wenn es ein Ermittlungsverfahren gegen dich gibt, werde ich nicht gegen dich aussagen. Ich bin doch dein Bruder", fügt Pedro hinzu.

Pfarrer Wissle dreht sich um und lächelt Ricco an. „Manchmal muss man einen Schlussstrich ziehen und neu miteinander anfangen", sagt er.

25. Kapitel: Abzweigungen

Ein paar Tage nach seiner Ankunft muss Theo wieder ins Schulleiterbüro. Beat Weder hat ihn gebeten, sich in der Pause dort zu melden. Theo überlegt, ob er vielleicht zu oft in der Raucherecke gestanden hat. Oder hat der Musterknabe Felix ihn verpetzt? Theo ist es nämlich gelungen, abends ein Sechserpack Bier aus dem Supermarkt in sein Zimmer zu schmuggeln.

Ignaz Leberle hat wieder einen neuen Fragebogen für seinen Neffen auf den Besprechungstisch gelegt. „Es geht um die Gesundheitsgruppe, an der du dich beteiligen solltest", sagt Onkel Ignaz. „Alle in dieser Gruppe haben gewisse gesundheitliche Probleme."

Sag doch gleich, dass du mich in die Gruppe mit den Alkis steckst, würde Theo ihm am liebsten antworten. Aber er muss sich zusammennehmen, sonst wird er hier rausgeschmissen. Das ist ihm klar.

„Zuerst solltest du diesen Fragebogen ausfüllen. Da oben gibst du nicht deinen Namen an, sondern nur eine Zahl. Du bist der zwölfte in der Gruppe AA."

Egal, ob Zahl oder Name, ganz bestimmt wird Ignaz Leberle sich den ausgefüllten Bogen anschauen. Theo wird sicher keine allzu ehrlichen Angaben machen, er ist doch nicht blöd.

„Nein", sagt Onkel Ignaz, als könne er Gedanken lesen, „den Bogen steckst du hinterher in einen Briefumschlag und wirfst ihn in Herrn Weders Briefkasten im Lehrerzimmer. Die Bögen werden zentral ausgewertet. In einem halben Jahr erhaltet ihr einen weiteren Bogen. Da will die Projektleitung die Fortschritte der Teilnehmer auswerten."

Theo beschließt, vorsichtig zu sein. Ein bisschen ehrlich muss er sein, aber die ganze Wahrheit ist viel zu schlimm, jedenfalls für einen Patenonkel. Die brauchen auch die von der Projektleitung nicht zu wissen. Was sind das überhaupt für Leute?

Plötzlich schießt ihm ein Gedanke durch den Kopf, den er schon längst hätte haben können, der ihm aber noch nie gekommen ist. „Onkel Ignaz", sagt er in vertraulichem Ton, obwohl er weiß, dass er ihn hier nicht „Onkel" nennen soll. „Du bist doch der ältere Bruder von Papa."

Onkel Ignaz nickt.

„Dann", sagt Theo, „hättest du eigentlich die Metzgerei übernehmen müssen. Warum hat sie aber mein Papa übernommen?"

„Ich hatte immer zwei linke Hände. Es fällt mir noch heute schwer, einen Nagel in die Wand zu schlagen. In meiner Jugend wurde im Hinterhaus noch geschlachtet. Die Schweine wurden mit einem Bolzenschuss getötet und dann auseinandergenommen."

„Und es gab Metzelsuppe, in der die Würste gekocht worden sind", ergänzt Theo.

„Das Fleisch und die Wurst wurden in Dosen eingeschweißt."

„Das werden bei uns nur noch die Maultaschen", sagt Theo. „Aber du hast meine Frage nicht beantwortet, warum du nicht den Betrieb übernommen hast."

„Für zwei Familien hätte er nicht genug Rendite abgeworfen. Ich habe am liebsten Zeitungen und Bücher gelesen. Aber Theo war begeistert dabei. Er hat mit Begeisterung unseren Eltern geholfen und gerne verkauft."

„Das Dumme ist, dass ich keine Geschwister habe", seufzt Theo. „Wenn ich etwas anderes mache, geht der Betrieb vor die Hunde."

„Ihr könnt ihn doch eines Tages verkaufen", sagt Onkel Ignaz. „Das ist der Lauf der Welt. Mit vielen Familienbetrieben geht es so."

„Ja, aber dann sind meine Eltern enttäuscht. Das kann ich ihnen nicht antun. Wir sind ein Traditionsgeschäft. Seit zweihundert Jahren. Da kann man nicht einfach so aufhören."

„Du musst dich heute noch nicht entscheiden."

„Es ist doch längst entschieden", seufzt Theo. „Ich muss, weil ich der Junior bin. Außer mir gibt's keinen."

„Deine Mutter hat mir gesagt, du bist Vegetarier."

„Das kommt noch dazu", sagt Theo.

„Es gibt immer Abzweigungen von der Straße", meint Onkel Ignaz nach einer kleinen Pause. „Du könntest ein Restaurant für Vegetarier im Maultaschenhaus eröffnen. Oder ein Geschäft für vegetarisches Essen. Denk mal darüber nach."

Sie schweigen eine Weile.

„Aber jetzt bitte zurück zum Fragebogen", sagt der Onkel und Theo packt ihn schnell in seinen Rucksack.

„Du brauchst keine Angst zu haben", sagt Ignaz Leberle zum Abschluss. „Wenn du richtig mitarbeitest, wird alles gut."

Klingt viel zu einfach. So einfach kann es nicht sein.

26. Kapitel: Der Kreislauf der Sucht

Sie sind wieder in Raum 5 mit den langen hellblauen Vorhängen und dem grauen Linoleumboden: Karl-Heinz, der den rosa Softball umklammert, Peter Heil, Margot, eine Frau um die fünfzig mit grauem Kurzhaarschnitt, die neu in der Gruppe ist und immer grübelt, und noch drei Frauen, die er nicht kennt. Ricco sucht mit den Augen nach Lissi. Aber sie ist noch nicht da. Sein Herz schlägt heftig. Warum ist sie immer unpünktlich?

Frau Dr. Jebsen kommt herein, lächelt die Teilnehmer ihrer Gruppe an und geht gleich an die Tafel, auf der in gelben Buchstaben *Der Kreislauf der Sucht* zu lesen ist.

„Am Anfang steht ein Problem", beginnt sie. „Weiß jeder von Ihnen hier, was das Problem war, mit dem er nicht fertig geworden ist?"

„Meine Frau war gestorben", lässt sich Peter Heil vernehmen. „In den Jahren davor hab ich ein bis zwei Gläser Rotwein abends zur Entspannung getrunken. Aber nach ihrem Tod waren es dann ein bis zwei Flaschen."

„Ich hab mich nicht getraut, mit Mädchen zu sprechen", bricht es aus Ricco hervor. „Ja, und immer haben alle über mein Gewicht gelacht. Ich hab nicht regelmäßig gekifft, nur wenn ich besonders viel Stress hatte."

„Als der Job weg war, ist es schlimmer geworden", sagt Margot. „Ich konnte nicht mehr auf die Straße gehen oder einkaufen. Zur Ermutigung musste ich ein paar Schlucke trinken und mein Beruhigungsmittel nehmen. Anders ging das nicht." Sie sieht in die Runde. „Aber es gibt welche, bei denen ist es viel schlimmer. Richtige Alkoholikerin war ich nie. Na ja, ich war auch mal ganz lange trocken." Sie sieht in die Runde, als erwarte sie eine Bestätigung.

„Wir sprechen noch einmal in der nächsten Sitzung darüber, wie das mit dem Alkoholismus ist", schaltet sich die Ärztin ein. „Man muss sich nicht schämen zuzugeben, dass man ein Problem hat."

„Es ist besser, wenn man Angst vor dem Alkohol hat", murmelt Karl-Heinz. „Also wenn man sich eingesteht, dass man dran hängt und nicht loskommt. Je klarer man das sieht, desto besser. Dann kann der CIA nicht mehr so viel machen, würde ich mal sagen."

Alle schweigen.

„Zurück zu dem Problem, das am Anfang stand", fängt Dr. Jebsen erneut an. „Die Droge bringt das jeweilige Problem scheinbar zum Verschwinden. Aber nach ein paar Wochen muss man Beruhigungsmittel gegen die Panikanfälle nehmen, die von der Droge ausgelöst werden, und die Dosis stetig erhöhen."

„Aber ein Beruhigungsmittel verschreibt einem doch der Arzt", wirft Ricco ein. „Und der verschreibt doch keine Drogen."

„Medikamente, Beruhigungsmittel sind ebenfalls Drogen. Richtig dosiert und unter ärztlicher Aufsicht kann man sie kurze Zeit nehmen", erklärt die Ärztin.

„Aber wie ist das mit Valium?", will Ricco wissen.

„Valium gehört zur Gruppe der Benzos. Benzodiazepine können schnell zu Abhängigkeit führen. Und was wäre besser, als bei Problemen zu Alkohol, Beruhigungsmitteln oder Cannabis zu greifen?"

„Na, ich würde sagen, Therapie", brummt Peter. „Aber wer geht schon freiwillig in die Therapie?"

Ricco muss dauernd an Lissi denken. Gestern in der Maltherapie hat sie mehrere Friedhofsszenen gezeichnet. Schwarze Grabsteine vor einem violetten Himmel, Kreuze und graue Steine. Und mitten in der Stunde ist sie aufgesprungen und rausgelaufen. Seitdem hat er sie nicht mehr gesehen.

„Wenn man ein Problem hat, so wie ich mit dem Dicksein und dass alle zu einem Fettsack sagen, schämt man sich. Man will nicht drüber reden. Man denkt, man ist selbst dran schuld." Ricco seufzt.

Nach einer Pause fragt er: „Und was kann man tun, um nicht rückfällig zu werden?"

„Kannste nichts machen!", ruft Karl-Heinz. „Es kommt wieder über dich, ohne dass du es richtig merkst."

„Ich war mal ein ganzes Jahr trocken", sagt Margot. „Das geht auch länger."

Ricco durchzuckt der Gedanke, dass er süchtig nach Lissi ist. Er muss ununterbrochen an sie denken, er sieht sie vor sich, er hört ihre Stimme. Er weiß nicht, wie er ohne sie leben soll.

„Irgendetwas kommt immer dazwischen." Peter Heil zupft an den Enden seines Rauschebarts.

„Manche gehen zu den Anonymen Alkoholikern*. Das sind ehemalige Abhängige, die es mehr oder weniger geschafft haben. Jeder weiß, dass es schwer ist, und sie reden einmal die Woche darüber. Wie bei Weight Watchers", erklärt Margot. „Für Drogensüchtige gibt's das auch. Hat auch so einen englischen Namen. Narcotics Anonymous."

„Diese Selbsthilfegruppen sind gute Anlaufstellen. ‚Anonym' bedeutet, dass keiner sagt, wer er ist. Man redet sich mit dem Vornamen an und tauscht Erfahrungen untereinander aus." Die Ärztin schreibt die Namen an die Tafel. „Es sind auch keine Vereine, die ihre Mitglieder in eine Liste eintragen und Beiträge kassieren. Man kann etwas spenden, aber die Daten der Leute, die zu den Treffen kommen, werden nicht erfasst."

Ricco gibt sich Mühe zuzuhören, doch seine Gedanken schweifen ab. Heute Morgen war Lissi nicht beim Frühstück. Er wird Rolf fragen, wo sie ist. Lissi hat gerne und ausführlich gefrühstückt. Er hat ihr immer seinen Joghurt gegeben, weil sie den so mag.

„Und die gibt es überall, in jeder größeren Stadt", fügt Margot hinzu.

„Wichtig ist außerdem", sagt Frau Dr. Jebsen, „sich nicht mit seinen alten Kifferfreunden im Park zu treffen."

„Aber wenn man keine anderen Freunde hat?" Ricco denkt an Theo. Mit dem will er sich unbedingt wieder treffen.

„Es ist gefährlich. In der alten Umgebung greift man wieder zum Joint oder zur Zigarette. Und ein Alkoholiker, der gerade aufgehört hat zu trinken, sollte nicht mehr in seine Stammkneipe gehen."

Draußen vom Flur sind laute Schreie zu hören. Es ist Lissi. Ricco springt auf.

27. Kapitel: Das Hamsterrad

Mit verschiedenfarbiger Kreide hat Beat Weder acht nummerierte Kreise auf die Wandtafel gezeichnet. Alice faltet Papierflieger und lässt sie durch die Bankreihen fliegen.

„Sie setzen sich nach vorne, Alice. Sie sind unkonzentriert", bestimmt Weder.

„Gobshite*", murmelt Alice und Theo weiß nicht, was das Wort bedeutet. Beat Weder läuft rot an. Langsam geht Alice zur ersten Bank.

„Also, wir waren bei Punkt drei stehen geblieben." Weder malt weiter an der Tafel. „In Phase drei nimmt der Betreffende bereits mehr Drogen ein, um sein Problem zu lösen. Drogen, damit meine ich auch Alkohol. Dabei verliert er die Kontrolle über den Konsum. Zu welchen Problemen führt ihn das? Theo?"

„Sein Dealer bietet ihm gestrecktes Gras an und er kriegt tagelang Kopfschmerzen."

Keiner lacht. Beat Weders Blick wendet sich von ihm ab, hin zu Felix.

„Wir sind jetzt in Phase vier", leiert Felix. „Der Drogensüchtige verheimlicht seinen Konsum. Er versteckt zum Beispiel Wodkaflaschen im Wäscheschrank oder anderes Rauschgift im Schreibtisch. Er fühlt sich schuldig. Er fängt an zu lügen und zu stehlen, um seinen Drogenkonsum zu finanzieren. Er verliert seine Freunde, kriegt Schwierigkeiten in der Schule, im Sportverein, überall, wo er ist. Alle wissen, dass er lügt und stiehlt."

„Aber auch dabei bleibt es nicht", sagt Beat Weder. „Lena, fahren Sie fort."

„In Phase fünf muss der Abhängige ununterbrochen an die Drogen denken. Sein ganzer Alltag besteht aus Drogenbeschaffung und Drogenkonsum. Sein Leben dreht sich darum, regelmäßig mit Schnaps und Wein versorgt zu sein. Das nennt man Abhängigkeit", sagt Lena.

Beat Weder geht wieder zur Tafel und zeichnet eine langhaarige Gestalt in schlotternder Hose in den Kreis sechs. „Was passiert jetzt, Felix?"

„In Phase sechs kommt der Süchtige ganz herunter. Die Drogen verändern ihn körperlich und geistig. Er leidet unter Depressionen, Wahnvorstellungen und Stimmungsschwankungen."

„Gut, Felix."

Theo wippt mit dem Stuhl auf und ab. Irgendetwas regt ihn auf und macht ihn wütend. Er muss eine rauchen, unbedingt. Am liebsten würde er aufspringen und den Raum verlassen.

Weder zeichnet schon wieder. Diesmal eine zusammengekauerte Figur, die sich die Hände vor das Gesicht hält. Theo hat das dumme Gefühl, dass er diesmal ihn gezeichnet hat.

Jetzt dreht der Lehrer sich um und sieht ihn an. „Theo, bitte, was passiert in Phase sieben?"

Theo schweigt.

„Alice, erklären Sie uns Phase sieben." Beat Weder sieht Alice viel zu lange an. Alice lächelt ihm zu. Was soll das?, denkt Theo.

„Die Persönlichkeit verändert sich. Der Süchtige wird unzuverlässig, hat Stimmungsschwankungen und zieht sich zurück." Alices Sätze hören sich an wie auswendig gelernt.

„So ist es", fährt Weder fort. „In dieser Phase gehen die Konsumenten nicht mehr ans Telefon, waschen sich nicht mehr und stehen manchmal tagelang nicht auf. In der Küche stapelt sich das schmutzige Geschirr."

„Woher wissen Sie das so genau?", ruft Theo. Er wollte eigentlich nichts sagen. Aber er konnte nicht anders.

„Weil es immer so abläuft", sagt Weder. „Es steht in jedem Handbuch. Und es lässt sich beobachten. Das Hamsterrad der Sucht läuft immer in dieselbe Richtung. Kommen wir zum Schluss, zur Phase acht."

„Beerdigung!", bricht es aus Theo heraus. Weder sieht ihn verärgert an und nickt Felix zu.

„In Phase acht verlangt das Gehirn vom Süchtigen, sich immer wieder Drogen einzuverleiben. Drogen- oder Alkohol-Metaboliten übersättigen das Körpergewebe des Süchtigen. Noch jahrelang halten sie sich im Fettgewebe des Körpers." Felix ist fertig.

Theo schreibt einen Zettel für Alice: *Warum flirtest du mit dem Babyface? Der glaubt noch, du meinst es ernst.* Er faltet den Zettel und versucht ihn an Alice weiterzureichen. Felix lässt ihn fallen.

„Der Süchtige ist im Kreislauf des Hamsterrads der Sucht gefangen. Er versucht aufzuhören, doch er wird immer wieder rückfällig", ergänzt Weder. „Was war das für ein Papier?" Er bückt sich, nimmt die Botschaft, hebt sie hoch und sieht in die Runde. „Ein Liebesbrief?"

„Nein! Er kann auch aufhören. Es gibt welche, die haben mit dem Rauchen aufgehört. Da kennt doch jeder ein paar, die ihr Leben lang keine Zigarette mehr geraucht haben", sagt Theo und würde Beat Weder am liebsten den Zettel aus der Hand reißen.

„Ja, aber warum kann er keine einzige Zigarette mehr rauchen?" Beat Weder sagt es, als ginge es darum, eine Redeschlacht gegen Theo zu gewinnen.

Und wieder hat Felix die Antwort parat: „Weil eine einzige Zigarette ihn rückfällig machen würde. So ist es auch beim trockenen Alkoholiker*. Er darf keinen Schluck Alkohol mehr trinken, weil sonst der Rückfall kommt."

„Und jetzt der Liebesbrief", sagt Weder mit gequältem Lächeln. Er setzt sich hinter das Pult und entfaltet Theos Zettel.

„Warum flirtest du mit dem Babyface? Der glaubt noch, du meinst es ernst." Beat Weder liest laut vor und schaut verdutzt auf seine kichernden Schüler. „Ihr sollt nicht immer Felix hänseln", sagt er dann. „Er kann nichts dafür, dass er der Jüngste hier ist. Nur kein Neid, wenn Alice mit ihm flirtet."

Weder tritt wieder hervor und stellt sich neben Felix. „Ich werde nicht zulassen, dass ihr einen jüngeren Schüler hänselt und Witze über sein Äußeres macht."

28. Kapitel: Zeitverschwendung

Ricco steht auf dem Gang und hält Ausschau nach Lissi. Sie ist nirgendwo zu sehen. Auch das verglaste Stationszimmer ist leer. Ricco schaut hinein.

In diesem Moment tritt Rolf aus dem Spülraum. „Na, was machst du hier? Bist du nicht bei der Suchtgruppe?", fragt der Pfleger.

„Da war etwas mit Lissi! Ich hab sie gehört. Was war mit ihr?"

„Kein Kommentar", sagt Rolf.

„Was ist passiert? Rolf, sag schon!", bohrt Ricco weiter.

Rolf schaut um sich. Außer ihm und Ricco ist niemand auf dem Gang. „Hör mal zu, wir haben hier alle eine Schweigepflicht. Ich darf dir nicht erzählen, was los war. Selbst wenn ich wollte."

„Sie ist meine Freundin. Das hab ich dir doch erzählt."

„Ich darf trotzdem nicht. Ich verlier den Job, wenn ich was ausplaudere. Alles, was hier passiert, ist hochvertraulich. Datenschutz, verstehst du?"

„Aber sie hat nur mich. Ich muss wissen, wo sie ist."

„Vergiss Lissi! Sie ist nicht gut für dich."

„Du hast ja keine Ahnung!"

„Glaub mir mal ausnahmsweise."

Ricco schluckt.

Rolf sieht erneut um sich. „Hör zu", sagt er ganz leise. „Lissi hat keine Chance. Sie ist wieder rückfällig geworden."

„Das glaub ich nicht."

„Lissi gehört zu denen, die es nicht mehr schaffen. Sie hängt zu tief drin. Du kannst ihr nicht helfen."

„Ich würde alles für sie tun."

„Du hilfst ihr nicht, wenn du für sie stiehlst. Was willst du noch für sie tun?"

„Du sollst nicht so von ihr reden! Sie ist meine Freundin."

„Ist sie nicht. Sie ist mit ihren Drogen befreundet. Andere Leute benutzt sie nur, vor allem Männer."

„Du sollst nicht so reden!"

„Sie ist ganz tief unten."

„Nein!", schreit Ricco auf.

„Sie ist eine geprägte Münze, wenn du verstehst, was ich meine. Das Muster in ihr, das kriegt sie nie wieder raus."

„Ich glaub dir nicht. Sie ist erst achtzehn."

„Alt genug", sagt Rolf. „Fang an, sie zu vergessen! Lissi ist Zeitverschwendung!"

Ricco bringt kein Wort heraus.

„Außerdem hast du selbst genug mit dir zu tun. Frag nicht mehr nach ihr! Sie zieht dich nur runter."

29. Kapitel: Und dann noch kochen

Der Vormittagsunterricht ist vorbei. Nach dem Mittagessen ist Theo einkaufen gegangen. Er verlässt mit einem Sechserpack Bier in der Tasche den Supermarkt. Über die Bierflaschen hat er zwei Tüten Lakritzkonfekt gelegt, zur Tarnung, falls er mit einem seiner Lehrer zusammenstößt.

Ausgerechnet Onkel Ignaz kommt ihm auf der Brücke am Bach entgegen. Es ist zu spät, um ihm auszuweichen. Der Onkel hat heute einen dunklen Anzug mit Weste an.

„Hallo", stammelt Theo.

„Wie fühlst du dich in deiner neuen Heimat? Hast du den Fragebogen schon ausgefüllt und abgegeben?"

„Ja", murmelt Theo, obwohl er noch nichts gemacht hat.

„Gefällt es dir in Luginsbühl?"

„Teils, teils." Theo überlegt, ob er es riskieren kann, sich zu beschweren. „Ich will nicht in die Kochgruppe", sagt er dann. „Ich bin da eingeteilt worden, ohne dass man mich gefragt hat.

„Warum willst du nicht in die Gruppe?", fragt Ignaz Leberle.

„Weil …" Theo denkt nach. Er ist auf einmal unheimlich wütend. Dann fällt ihm ein, was es ist. „Wahrscheinlich stecken meine Eltern dahinter. Wahrscheinlich haben sie gesagt: Theo muss in die Kochgruppe. Das ist gut, weil er die Metzgerei übernehmen soll. Ich soll kochen lernen. Das steckt dahinter."

Onkel Ignaz lacht kurz. „Ach, so ist das. Daran habe ich überhaupt nicht gedacht. Jetzt verstehe ich, warum du nicht kochen lernen willst."

„Du steckst nicht mit denen unter einer Decke?"

„Nicht, was die Kochgruppe angeht." Wie immer drückt sich Ignaz Leberle für Theos Empfinden gewunden und komisch aus.

„In der Kochgruppe lernst du, gesunde Sachen aus frischen Zutaten zuzubereiten. Das ist gut für dich."

„Aber es dauert endlos. Ich hasse es, stundenlang in der Küche zu stehen. Und dann noch aufräumen!"

„Theo, man muss sich Zeit nehmen für das eigene Leben. Zeit ist die wichtigste Währung auf dieser Erde. Zeit verläuft schneller oder langsamer, je nachdem, wie du dich fühlst."

„Ich hasse die Aufräumerei!"

„Jedes Ding hat seinen Platz", erwidert Onkel Ignaz. „Probier die Kochgruppe zwei Wochen lang aus. Dann darfst du aussteigen, wenn es dir überhaupt keinen Spaß macht." Er wirft einen Blick auf die Tasche und Theo wird klar, dass er die Bierflaschen sieht, die Lakriztüten sind verrutscht. Theo wird rot und wartet auf einen Kommentar.

„Also", sagt Ignaz Leberle. „Komm in meine Sprechstunde, wenn du Probleme hast."

Theo steigt die breite Treppe neben der Cafeteria hoch, wo sich die Unterrichtsküche befindet. Ein langer Raum mit mehreren Herden nebeneinander an der Wand und einer Reihe von Küchenschränken. Davor steht ein großer Tisch. Seitlich stehen zwei Geschirrspüler und Spülbecken mit Unterschränken.

Die Kochgruppe ist kleiner, als Theo befürchtet hat: Alice, Verena, Rüedi, der ordentliche Felix und er. Geleitet wird sie von Melissa Scheer, der Sportlehrerin, einer rundlichen, mittelgroßen Frau mit Kurzhaarschnitt und Brille, die seine Großmutter sein könnte.

Allein wegen Alice lohnt sich die Kochgruppe für ihn.

„Theo ist neu", sagt Frau Scheer, obwohl ihn alle im Raum inzwischen kennen. „Theo, gibt es ein oder zwei Gerichte, die du kochen kannst?"

„Vegetarische Maultaschen", antwortet Theo ohne zu zögern und ist stolz. Maultaschen kann bestimmt nicht jeder. Maultaschen, richtig gemacht, sind ziemlich schwer. „Außerdem Kartoffelsalat. Schnitzel und Würstchen braten kann ich auch, aber da gehört ja nicht viel dazu."

Er kann noch Gulasch kochen und Linseneintopf. Das lässt er lieber weg, er will schließlich nicht den Super-Theo spielen. Und er hasst es, Sachen mit Fleisch zuzubereiten.

„Schreib das Rezept für die Maultaschen, so wie du sie machst, auf und kopiere es für uns. Dann können wir in zwei Wochen versuchen es zusammen zu kochen", sagt Frau Scheer.

Die Schüler holen aus einem Wandschrank Schürzen und Plastikhäubchen hervor. Felix reicht Theo ebenfalls eine Schürze und ein Häubchen.

„Heute backen wir Eierpfannkuchen", erklärt Frau Scheer. „Ich beginne immer mit Eierpfannkuchen."

„Eierpfannkuchen kann doch jeder", kräht Felix.

„Eierpfannkuchen kann man besser oder schlechter machen." Frau Scheer stellt einen Schneebesen und eine große Keramikschüssel auf den Tisch. Die anderen holen aus den Wandschränken und dem Kühlschrank Mehl, Salz, Milch und Eier. Sie kennen sich hier bestens aus.

Alice schlägt Eier am Rand der Schüssel auf, als ob sie ihr Leben lang nichts anderes getan hätte. Sie ist perfekt. In der Schürze und mit dem zusammengebundenen Lockenhaar sieht sie aus wie ein Model auf der Fleischerfachzeitung.

Das Aufräumen ist für Theo das Schlimmste.

„Der Schneebesen gehört in die Schublade", erinnert Frau Scheer ihn, als er das Ding auf die Arbeitsplatte legt.

„Ist doch egal", sagt Theo.

„In der Küche lassen wir keinen Gegenstand herumliegen. Merk dir: In einer Küche gehört alles in Schränke. Es ist immer Fett und Staub in der Luft."

„Klar doch. Hab's begriffen", mault Theo.

„Keine frechen Antworten, bitte", sagt Frau Scheer.

Theo überlegt, ob er jetzt rausgehen und irgendwo eine rauchen kann.

„Und die Schürze musst du ausziehen und wieder in den Schrank hängen", ruft ihm Frau Scheer zu.

Schlimmer als zu Hause in der Metzgerei, denkt Theo. Oder genauso schlimm. Und dann fällt ihm Ricco ein. Es ist doch besser, dass er hier in Luginsbühl gelandet ist, weit weg vom Ärger in Marklingen.

30. Kapitel: Weit weg von dir

Es ist wie eine Sucht. Ricco ruft dauernd ihre Handy-nummer an, die er längst auswendig kann. Aber Lissi geht nie ran. Vielleicht ist der Akku leer. Vielleicht liegt das Handy in irgendeiner Ecke und Lissi weiß gar nicht, wo es ist.

„Was kann nur mit Lissi sein? Rolf weiß es und sagt es mir nicht", schimpft Ricco. Er sitzt neben Peter Heil im Raucherzimmer, raucht aber selbst nicht, obwohl der kleine Raum von Rauchkringeln durchdrungen ist.

„Was soll schon mit ihr sein? Ist doch wieder die alte Geschichte."

Ricco sieht den ehemaligen Mathelehrer hoffnungsvoll an. Vielleicht weiß er mehr.

„Sie wird in irgendeiner psychosomatischen Klinik sein und wieder das volle Programm machen: Entgiftung und dann Entzug*."

„Meinst du?"

„Bestimmt."

„Aber warum ruft sie mich nicht an?"

„Keine Ahnung, Junge."

„Sie weiß doch, wie sie mich erreichen kann."

„Und wenn sie dich nicht erreichen will?"

„Das kann nicht sein."

Peter Heil scheint die Sache mit Lissi kaum zu interessieren. Er starrt nach oben auf den Bildschirm. Es läuft ein Tennisspiel mit abgestelltem Ton. Vielleicht guckt er auch nur hin wegen der beiden Spielerinnen. Sie sehen muskulös, sportlich und sehr gesund aus. Das Gegenteil von Lissi, Riccos armer kranker Prinzessin.

Peter Heil hustet erbärmlich und drückt die Zigarette im Aschenbecher aus.

„Ich muss rauskriegen, wo sie ist. Ich werde sie besuchen", sagt Ricco.

„Diese Entzugskliniken sind meistens auf dem Land, irgendwo mitten im Wald oder auf der grünen Wiese", erklärt Peter.

„Egal, wo", sagt Ricco.

„Und was willst du bei ihr?"

„Ich will ihr sagen, dass ich zu ihr halte, auch wenn es ihr dreckig geht."

„Ruf sie vorher an", sagt Peter.

Das versucht er ja die ganze Zeit.

Margot kommt in den Raum, lässt sich im Sessel am Fenster nieder und zündet sich hastig eine Zigarette an.

„Frag doch mal Margot", rät Peter.

„Meinst du?"

„Die war mit ihr im Zimmer. Wenn jemand dir was sagen kann, dann Margot."

Ricco steht auf, geht in den Gang und holt einen Kaffee aus der Kanne, die immer gefüllt neben dem Stationszimmer steht. Er überreicht Margot den Becher und setzt sich neben sie. „Hab ich dir geholt."

„Toll. Danke." Margot lächelt ihn an.

„Hast du was von Lissi gehört?"

Margots Gesicht verfinstert sich. „Frag mich, was du willst. Aber nichts über Lissi. Ich will nichts mehr von ihr hören."

„Bitte", fleht Ricco. „Ich hab noch ein paar Zigaretten im Zimmer, die hol ich dir. Ich rauch nicht mehr. Aber sag mir, was mit Lissi ist."

„Ich will nichts mehr mit ihr zu tun haben." Margot nimmt einen Schluck. „Lissi hat mich beklaut. Lissi ist der Abschaum."

31. Kapitel: Grün – Weiß – Orange

Zwei Wochen ist Theo schon im Internat in Luginsbühl. Und eigentlich ist alles ganz anders, als es auf den ersten Blick zu sein schien. Es gibt die Raucherecke im Schulhof für die, die einen Rauchervertrag haben. Trotzdem rauchen einige heimlich, sogar in den Gebäuden. Gekifft wird auch. Einer von den Jungs aus der anderen Gruppe hat Theo schon zweimal Gras verkauft. Es beruhigt ihn, Cannabis zu rauchen. Und Bier schmuggeln ziemlich viele in die Schülerzimmer im „gelben Huus", trotz der Lehrerkontrollen.

Die *Dubliners* singen mit rauen, kehligen Stimmen ein irisches Volkslied, dessen Text Theo nur halb versteht. Er sitzt neben Alice auf dem grünen Veloursofa in ihrem Zimmer und schaut auf das Plakat an der Wand gegenüber mit dem Pelikan und dem Schriftzug *Lovely Day for a Guinness*. Über dem PC auf Alices Kiefernholzschreibtisch hängt die Donegal-Flagge. Verena und Felix sind mit der Spycher*-Gruppe draußen unterwegs, um Kühe zum Melken in den Stall zu treiben.

Alice sortiert Gummibärchen aus. Für Theo lässt sie die roten und die gelben auf dem Tisch liegen. Theo verkneift sich die Bemerkung, dass er als Vegetarier niemals Süßigkeiten aus Gelatine essen würde. Er steckt sie einfach in den Mund. Als kleiner Junge hat er sie schließlich auch gemocht.

„Was ist so toll an den grünen?", fragt er dann. Er findet den Unterschied zwischen den Farben bei Gummibärchen nicht so entscheidend.

„Slaontscha." Alice prostet ihm mit ihrer Bierdose zu.

„Was war das?", fragt Theo.

„Slaontscha – schreibt man S-l-á-i-n-t-e. Irisch, heißt Prost."

„Prost", erwidert Theo und hebt seine Dose an den Mund. Dann lässt er sie sinken. Nein, kein Bier, kein Wodka, nichts mehr! Damit will er aufhören. Irgendwie, irgendwann, jetzt. Der Schrecken, den ihm Onkel Ignaz auf der Brücke eingejagt hat, als er das Bier geschmuggelt hat, steckt ihm noch in den Knochen. Auch die Unterrichtsstunde „Hamsterrad" hat ihn ziemlich fertig gemacht. Theo hat beschlossen, einen vorsichtigen Anfang zu machen. Er raucht und dreht sich ab und zu einen Joint. Aber Bier hat er seit einer Woche nicht mehr getrunken.

„Sláinte", wiederholt Alice.

„Mir wird schlecht davon. Ich mach lieber mit den Gummibärchen weiter."

„Sea, sea."

„Was siehst du?"

„Sea heißt auf Irisch: Das ist so."

„Warum sagst du es nicht auf Englisch?"

„Wir Iren sind keine Engländer. Wir ticken ganz anders als die." Sie zieht eine Whiskeyflasche hinter dem Sofakissen hervor, schraubt den Verschluss auf und setzt sie an den Mund. Sie nimmt einen ziemlich großen Schluck und strahlt ihn an. „Für mich ist das Irland. Und jetzt du."

„Nein", wehrt Theo ab. „Nein, heute nicht."

„Sea, du bist trockener Alkoholiker*. Die dürfen keinen Schluck mehr trinken. Du Armer!"

„Ich bin nicht körperlich abhängig. War ich nie. Ich kann jederzeit wieder aufhören. Alkoholismus ist was anderes."

„Dann stell dich nicht an." Sie drückt ihm die Flasche in die Hand.

Er zögert. „Du solltest es auch besser lassen."

„Mein Vater verdient sein Geld mit diesem Zeug. Whiskey ist keine Droge."

„Irgendwie schon", sagt Theo. „Sonst würden die Leute davon nicht abhängig. Hast du doch selbst bei Weder im Unterricht erzählt."

„Alle Iren trinken, bis sie umfallen. Alkohol macht kreativ. Nach zwei Gläsern Malt kann ich am besten Harfe spielen."

„Dann bin ich eben nicht kreativ", sagt Theo, hat aber plötzlich unbändige Lust, die Flasche anzusetzen.

„Hier, nimm die Gummibärchen dazu, die grünen, orangen und weißen Irland-Gummibärchen." Alice steckt ihm eins nach dem andern in den Mund.

„Whiskey ist nicht gesund", murmelt Theo.

„Du bist ein Spießer!" Sie küsst ihn. Ihr Mund schmeckt malzig nach Whiskey und plötzlich ist es mit Theos Widerstand vorbei. Abwechselnd trinken sie aus der viereckigen Flasche, bis sie beinahe leer ist.

Theo küsst Alice ebenfalls.

„Wow", sagt sie. „Du machst das besser als Beat Weder."

„Was?" Theo kann es nicht fassen. „Hat Babyface das wirklich getan?"

„Versprich mir, dass du ganz schnell wieder vergisst, was ich gesagt habe!"

„Ich könnte es Onkel Ignaz erzählen", sagt Theo. Und plötzlich hat er das Gefühl, Macht zu haben. „Wahrscheinlich muss er sich dann einen neuen Job suchen."

„Vergiss es, gobshite", sagt Alice.

Dann singen sie zusammen „Sweet Molly Malone".

„Komm", sagt Alice und erhebt sich. Sie schwankt ein bisschen. „Wir gehen in die Cafeteria, da ist um diese Zeit kein Mensch außer uns."

Theo folgt ihr. Im langen Gang hallen ihre Schritte über die Ziegelplatten des Bodens. Theo zieht die Turnschuhe aus und torkelt barfuß hinter Alice her. Eine Tür wird aufgerissen und jemand ruft: „Ruhe! Es ist Ruhezeit!"

Sie verlassen das „gelbe Huus" und laufen über die Wiese hinüber zum Schulhaus in die menschenleere Cafeteria. Die Stühle sind auf die Tische gestellt und es ist sauber durchgeputzt. Es poltert und klappert, als sich jeder einen Stuhl nimmt. Dabei schwanken sie und müssen sich einen Moment aneinander festhalten, um nicht hinzufallen.

„Du bist total süß", sagt Theo und holt sein Feuerzeug hervor, als er endlich sitzt. Nur mit einiger Mühe hat er es geschafft, sich auf dem Stuhl niederzulassen. Alice will gar nicht sitzen bleiben, sie ist auf den Tisch geklettert und singt: „In Dublin's fair city, where the girls are so pretty …"

Theo wäre es lieber, wenn sie damit aufhören würde, aber er wagt nicht, sie darum zu bitten. Lieber würde er dicht neben ihr sitzen und mit ihr zusammen rauchen. In einer Woche fangen die Sommerferien an und er muss hierbleiben, während die meisten Schüler nach Hause fahren dürfen. Sein einziger Trost: Alice wird auch in Luginsbühl bleiben.

Neben ihm steht der Keramiktopf mit dem Drachenbaum. Es muss der sein, den Onkel Ignaz vor Jahren aus dem Mülleimer gezogen hat. Sieht genauso aus wie die Dracaena im Wohnzimmer seiner Eltern, ist aber kleiner.

„Bescheuerter Drachenbaum", sagt Theo und tritt mit dem nackten Fuß gegen den Stamm. Der Anblick der geretteten Dracaena macht ihn plötzlich wütend. Auch auf Alice ist er wütend, weil sie ihm nicht zuhört und weitersingt. Er zieht die Blätterkrone des Drachenbaums näher zu sich heran und beginnt sein Feuerzeug zu entzünden. Einmal, zweimal, dreimal – das Scherenschnittgeräusch. Beim vierten Mal fängt eines der langen, welken Unterblätter Feuer. Ganz langsam kräuselt es sich unter der Flamme zusammen, wird schwarz und bricht in verkohlten Stückchen zu Boden. Dann erlischt das Feuer wieder. Theo zündelt weiter.

So vertieft ist er in sein Spiel, dass er nicht bemerkt, dass Alice mit ihrem Lied fertig ist und vom Tisch heruntergeklettert. „Was soll das?", fragt sie.

Die Dracaena brennt jetzt wie eine Fackel. Es stinkt nach Kräutern und Drachenbaumöl, für Theo nach Lagerfeuer und Abenteuer.

„Hör auf!", schreit Alice.

„Never ever!", brüllt Theo.

Alice drückt ihre Strickjacke über die Dracaena, es stinkt und qualmt entsetzlich.

„Dumme Kuh", sagt Theo.

„Schnell weg!", schreit Alice. „Wir müssen weg!"

32. Kapitel: Frei oder so ähnlich

„In zwei Wochen wollen sie dich entlassen", sagt Marga Früh.

Ricco und seine Mutter sitzen auf einer Bank in der kleinen Parkanlage vor dem Krankenhaus.

„Wenn's eine Woche früher gewesen wäre, hätte ich nachschreiben können", seufzt Ricco.

„Ärgere dich nicht deswegen. Pedro hat schon recht. Manchmal muss man einen Schlussstrich ziehen."

„Was ist eigentlich mit Theo? Der geht nicht mehr an sein Handy."

„Den hat sein Vater in ein Internat in der Schweiz gebracht, zu seinem Patenonkel. Da holt er dann seinen Abschluss nach."

„Manche fallen eben immer auf die Füße."

„Mach dir nichts draus. Wir haben auch Glück gehabt. Pedro ist wieder gesund." Marga Früh putzt sich die Nase. „Und du auch, fast."

Ricco schweigt vor sich hin.

„Und dann bin ich so froh, dass das mit dieser Schlampe vorbei ist", sagt Marga Früh. „Ich bete jeden Tag, dass du sie nie wieder siehst."

„Lissi ist keine Schlampe. Lissi ist krank", sagt Ricco.

„Sie ist vielleicht krank. Aber eine Schlampe ist sie auf alle Fälle."

Ricco muss schlucken.

„Und dass du mit dem Rauchen aufgehört hast, finde ich auch sehr gut. Wenn du nach Hause kommst, tapezieren wir zwei das Wohnzimmer neu."

„Gute Idee", brummt Ricco.

„Außerdem kannst du in der Metzgerei aushelfen, hat Isabel gesagt."

Ricco freut sich. Dann hat er jetzt sogar einen Ferienjob und kann ein wenig Geld verdienen.

„Und Pedro hat gesagt, wir machen zu dritt eine Städtereise nach Kopenhagen. Wie findest du das?"

„Wirklich?"

„Ich wollte immer schon mal nach Kopenhagen", sagt Isabel. „Die haben einen ganz tollen Zoo."

„Haben die Elefanten?"

„Bestimmt."

„Dann mach ich Fotos, wenn wir dort sind." Vielleicht kann er im Internet vorher schon etwas über die Kopenhagener Elefanten herauskriegen.

„Pedro hat gesagt, der einzige Mensch, den er wirklich hasst, ist Lissi", sagt Marga Früh unvermittelt.

„So schlimm ist sie nicht", wendet Ricco ein. „Kein Mensch ist so schlimm, dass man ihn hassen muss."

„Sie hat unsere Familie ruiniert, beinahe. Sie hat das Schlimmste getan, was ein Mensch tun kann. Sie …" Marga bricht ab, weil Riccos Handy klingelt.

Ricco meldet sich und horcht in sein Handy hinein. Einen Moment ist es still am anderen Ende der Leitung. „Hey, Dummi. Mann, bin ich froh, deine Stimme zu hören", sagt Lissi von irgendwoher.

33. Kapitel: Letzter Ausweg

Die Sache mit der Dracaena letzte Woche ist offenbar gut ausgegangen für Theo und Alice. Keiner hat sie in der Cafeteria gesehen oder gehört. Und es hat auch keiner gepetzt. Ignaz Leberle hat eine Konferenz einberufen und die Schüler über die Lautsprechanlage aufgefordert, sich zu dem „Brandanschlag" zu bekennen. Schon zweimal kam seine Ansage über die Sprechanlage in jeden Klassenraum.

„Die Schulleitung übertreibt", sagt Theo und zugleich ist ihm mulmig.

„Der Weder ist in letzter Zeit sauer auf mich. Egal, was ich tue oder lasse, er dreht mir einen Strick daraus", sagt Alice und seufzt. „Kennst du das Gefühl? Alles, was man sagt, ist falsch. Du machst einen Witz und keiner lacht."

„Der ist wahrscheinlich immer noch scharf auf dich", sagt Theo.

„Den Verdacht hab ich auch. Er stiert mich dauernd an wie ein Kranker."

„Hast eben zu viel mit ihm geflirtet. Und dass mit Babyface neulich er gemeint war, scheint er wohl doch kapiert zu haben", sagt Theo.

Es klopft und Theo hasst in diesem Moment wieder einmal den ordentlichen Polohemdenträger, der ihn nie allein lässt. Aber es ist gar nicht Felix, der vor der Tür steht, sondern Beat Weder. Er hält etwas vor sich. Theo erkennt im Halbdunkel den Blumentopf mit dem angekohlten Rest der Dracaena aus der Cafeteria.

„Guten Abend. Entschuldigen Sie die Störung." Beat Weder tritt ein. Alice murmelt eine Begrüßung.

„Wir wissen jetzt, wer es war", sagt Beat Weder. „Aber wir möchten, dass Sie sich dazu bekennen." Er sieht Theo vorwurfsvoll an.

„Wozu soll ich mich bekennen?", fragt Theo.

„Zu dem Anschlag auf den Drachenbaum." Beat Weder sieht bei diesem Satz zehn Jahre älter aus als sonst. „Und Sie sollen die Pflanze wieder gesund pflegen."

„Was soll ich?"

„Sie sollen sich um die Pflanze kümmern und sie wieder aufpäppeln."

„Die ist hin. Ich bin doch kein Idiot!", schreit Theo. „Die gehört in den Müll!"

Beat Weder hält den Blumentopf mit dem Rest des Drachenbaums wie ein krankes Kind. „Die Philosophie an unserer Schule ist eine andere. Wir geben niemanden auf. Wir werfen kranke Pflanzen nicht weg."

„Die da", sagt Theo und schnaubt durch die Nase, „ist nicht krank. Das Ding ist tot."

„Die Pflanze braucht Pflege", sagt Beat Weder. „Ich stelle sie in Ihrem Zimmer ans Fenster, damit sie genug Licht hat und wieder genesen kann."

„Das ist Zeitverschwendung! Hören Sie auf, Müll in meinem Zimmer abzustellen! Ich werde mich bei meinem Onkel beschweren."

„Ihr Onkel möchte nicht mit Ihnen sprechen. Es gibt nichts zu sagen."

Theo zuckt zusammen. Warum will Onkel Ignaz nicht mit ihm sprechen? Er ist schließlich sein Patenonkel, oder?

Beat Weder drängt sich an Theo vorbei und setzt den Blumentopf auf dem Schreibtisch ab. Dann wendet er sich wieder zur Tür, um zu gehen. „Und morgen früh nach dem Aufstehen werden Sie bitte Urin abgeben. Drogenscreening für alle", sagt er und hat die Klinke schon in der Hand.

„Ich werde gleich mit meinem Onkel sprechen", sagt Theo mit schneidender Stimme. „Ich werde ihm ein paar Sachen über Sie erzählen." Er macht eine Pause, um die Wirkung seiner Worte abzuwarten.

Beat Weder bleibt stehen und lächelt ihn an.

„Sie haben von nichts eine Ahnung!", faucht Theo. „Sie sind ein Wichtigtuer, ein inkompetenter Hampelmann!"

„Ich bin Ihr Lehrer. Sie werden sich bis heute Abend bei mir entschuldigen", erwidert Beat Weder.

Warum hat Alice den Typ mit dem langweiligen Milchbubigesicht eigentlich geküsst? Irgendwann muss sie ihn gemocht haben, schießt es Theo durch den Kopf. „Sie werden sehr erstaunt sein über das, was ich tun werde", sagt Theo.

„Guten Abend", sagt Beat Weder, dreht sich um und geht.

Einen Moment lang ist es ganz still. Alice ist aufgestanden und betrachtet die Dracaena. „Bist du wahnsinnig?", fragt sie dann. „Die schmeißen dich von der Schule, wenn du dich nicht entschuldigst."

„Die schmeißen mich sowieso raus, wenn sie die Urinprobe getestet haben", sagt Theo und fühlt sich gar nicht mehr großartig. Bis morgen früh kann das Zeug unmöglich abgebaut sein. Er hat in der letzten Woche zwei oder drei Joints geraucht.

„Manno, die können mit ihren Tests so ziemlich alles nachweisen." Theo fährt sich durchs Haar. „Ich muss abhauen", sagt er dann. „Ich bleib hier keinen Tag länger.

Was soll ich hier? Nichts als Idioten. Schlimmere Lehrer als in Marklingen."

„Und wo willst du hin?"

Theo überlegt. „Irgendwohin halt. Per Anhalter. Nach Irland, mit dir, was meinst du? Du hast doch auch gekifft. Hast du keine Angst, dass es rauskommt?"

„Keine gute Idee, ich meine, per Anhalter zu fahren", sagt Alice. „Lass uns lieber zusammen mit meinem Auto abhauen. Heute Nacht."

34. Kapitel: Weg

Hastig wirft Theo die Sachen in den Rucksack, die ihm wichtig sind: ein paar Sachen zum Anziehen, die Mundharmonika, drei Dosen Bier. Er überlegt und steckt noch zwei Tafeln Schokolade und eine Tüte Lakritze dazu.

Wenige Minuten später sind sie im Gang und schleichen die Treppe hinunter.

„Was willst du im Lehrergang?", fragt Theo und folgt Alice. „Was machst du da?"

Theo tritt näher an Alice heran, die etwas auf einen Zettel schreibt: *Alles, was du tust, hat eine Konsequenz. Alice.* Sie schiebt den Zettel unter Beat Weders Tür durch.

„Er benimmt sich wie Gott", sagt Alice. „Er bewertet uns. Dabei hält er sich selbst nicht an die Regeln. Alles, was für uns gilt, gilt nämlich auch für Beat Weder."

„Ja, schon", murmelt Theo. „Aber darum geht's gar nicht."

„Doch, darum geht es!"

„Nein, jeder ist für sich verantwortlich. Damit haben wir so viel zu tun, dass wir uns nicht auch noch um Beat Weder kümmern können." Theo hat begriffen, dass es keinen Sinn hat, Babyface bei seinem Onkel wegen der Sache mit Alice zu verpfeifen. Würde Ignaz Leberle ihm ohnehin nicht abnehmen, wenn der Test zeigt, dass er ein Druffi ist.

Alice schüttelt ihre Haare in den Nacken. „Lass dein Handy hier", sagt sie dann.

„Aber das brauch ich doch", widerspricht Theo.

„Holy Joe, glaub mir mal! Damit können sie uns orten. Deswegen müssen wir ohne Handy los."

„Verstehe."

„Unterwegs besorgen wir uns ein neues."

„Also: Irland?", fragt Theo.

Alice und er hasten mit ihrem Gepäck in Richtung Hinterausgang.

„Irland? Warum?"

„Weil du doch von da kommst und dich da auskennst. Und weil es so toll ist."

„Never ever!", sagt Alice. „Irland ist der Wahnsinn, da fahren sie alle links. Wo ich doch Links- und Rechtsverwechslerin bin, seit ich denken kann."

„Aber du kannst es doch, weil du Irin bist."

„Vollidiot!", sagt Alice. „Irland geht überhaupt nicht. Ich war in meinem ganzen Leben noch nicht da." Sie schultert ihre Reisetasche und nimmt Theos Hand. Sie erreichen endlich die Hintertür des gelben Hauses und schleichen zum Parkplatz.

Theo kann nicht fassen, dass Alice noch nie in Irland war und auch nicht hin will.

„Mein Vater ist Ire und hat die Whiskeyfabrik, das ist alles. Ich bin bei meiner Mutter in der Schweiz aufgewachsen. Hab ich dir doch alles erzählt. Meine Eltern haben sich getrennt, als ich zwei war. Und dann hat mein Vater die Katholikin geheiratet und fünf Kinder mit ihr in die Welt gesetzt. Alle rothaarig. Ich hasse, hasse, hasse diesen Mann!"

„Und woher kannst du Irisch?"

„Vom Urlaub mit meinem Vater und seiner Familie."

Es ist, als sei eine riesige Seifenblase gerade vor ihm zerplatzt. Theo muss schlucken. Er hat auf Irland gehofft. Er war ganz sicher, dass er bald in Irland ist, und jetzt:

plopp, einfach weg. Eben noch schwebte Irland vor ihm, eine Landschaft mit Schafen auf grünen Wiesen. Und jetzt: nichts mehr. Nur noch er und Alice. Und selbst Alice kommt ihm vor wie aus Glas, als wäre sie nichts. Theo trommelt mit der Faust auf ein Auto.

„Hör auf, gobshite! Wir wollen weg."

„Scheißleben!", flucht Theo.

„Wenn du so weitermachst, lass ich dich hier stehen und fahr allein los."

Theo hört auf und versucht nachzudenken. Vielleicht hat sie ihn nur angelogen, weil sie nicht nach Irland will. Es kann ja nicht sein, dass sie nie in Irland war. „Aber du sprichst doch Irisch und weißt alles über Irland."

„Ich war trotzdem noch nie da", sagt Alice mürrisch. „Irland ist ein Traum, nichts weiter."

Feiner dünner Regen geht nieder.

„Schon mehr als ein Traum. Aber ich will nicht hin. Mein Vater lädt mich jedes Jahr ein. Ich will nicht hin, begreif das mal."

„Aber ich wollte nun mal nach Irland", sagt Theo. „Davon haben wir doch jeden Abend geredet."

„Tut mir leid, ich will nach Frankreich."

„Kennst du da jemanden?"

„Keinen Menschen. Außer der Vermieterin einer Ferienwohnung, in der ich mit meinem Vater und seiner Familie ein paarmal war."

„Und was sollen wir da? Du hast gesagt, da gibt's überall schwarze Schlangen."

„Auf dem Land kann man billig leben. Von Rotwein, Käse und Baguette."

35. Kapitel: Wir sind ziemlich gut

Seit fast vierundzwanzig Stunden sind sie unterwegs. Sie haben in der Nacht auf einem Parkplatz im Auto geschlafen. Um die Mittagszeit waren sie bereits in Frankreich. Alice ist über Landstraßen gefahren, dann ein Stück über die Autobahn. Sie kennt sich in Frankreich aus und fährt für Theos Geschmack viel zu schnell.

Alice setzt den Blinker und biegt ab.

„Wo willst du hin?", fragt Theo.

„Nach Bar-la-Chapelle natürlich."

„Was wollen wir da?"

„Da steht eine kleine Kirche, in der soll der heilige Patrick zwei Jahre lang Messen gelesen haben."

„Aber was willst du da?"

„Ich will eben hin."

Sie stoppt das Auto vor der Bezahlstation, drückt auf einen Knopf und steckt ihre Kreditkarte in den Pfeiler. Es funktioniert nicht gleich. Der Motor röchelt auf. Dann fahren sie wieder los. Es ist noch hell, aber es dämmert schon.

„Wir sollten uns irgendwas suchen, wo wir übernachten können", schlägt Theo vor.

„Bei der Kirche gibt's ein Kloster, in dem kann man preiswert übernachten, wenn man Pilger ist."

Die enge Seitenstraße führt um einen Weinberg herum. Danach kommen wieder Felder und ein Waldstück.

„Fahr nicht so schnell", jammert Theo. „In den Kurven wird mir schlecht bei dem Tempo."

„Wir sind gleich da!", ruft Alice. „Da hinten sieht man schon das Kloster."

Eine Kirchturmspitze ragt am Ortsrand empor. Alice rast auf eine T-Kreuzung zu. Am Wegweiserschild ist sie bereits vorbeigerauscht.

„Schnell, rechts oder links, gobshite?"

„Weiß nicht", brummt Theo und schreit dann auf. Alice bremst ab, lenkt den Mini aber weder nach links noch nach rechts. Es ruckt und holpert. Sie sind von der Straße abgekommen. Der Wagen sackt nach vorn. Wasser spritzt auf. Das Gepäck poltert gegen die Sitze. Theo stützt sich am Handschuhfach ab. Der Gurt schneidet in seinen Oberkörper und nimmt ihm für ein paar Momente den Atem.

„Rechts!", schreit Alice. „Es war rechts."

„Oh nein", stöhnt Theo.

Alice legt den Rückwärtsgang ein und tritt aufs Gaspedal. Der Motor heult auf, die Räder drehen durch. „Steig aus", kommandiert Alice. „Wir sind im Straßengraben. Nur wegen dir, weil du nicht wusstest, wo es langgeht. Du kiffst zu viel."

„Du bist wie eine Idiotin gefahren. Weil du besoffen bist!", brüllt Theo. „Warum hat dieses Auto keinen Airbag?"

„Hat's eben nicht. Die Kiste ist schon zu alt."

Theo öffnet die Tür und steigt langsam aus.

„Vielleicht können wir das Auto rausschieben." Alice ist ebenfalls aus dem Mini geklettert. Sie stehen auf einer schlammigen Wiese, das Auto steckt im Graben.

„Sieht nicht gut aus", murmelt Theo.

„Wir müssen beten!", ruft Alice.

„Hast du ein Abschleppseil?", fragt Theo.

„In ausweglosen Situationen musst du beten, gobshite."

„Sag mir, wo du das Abschleppseil hast. Wir brauchen jemanden, der uns mit einem Auto rauszieht. Allein kriegen wir den Wagen nicht raus."

„Erst beten."

„Das hilft doch nicht."

„Es hilft immer", sagt Alice.

„Vermutlich nur bei dir. Bei mir hat's jedenfalls noch nie geholfen."

„Beten ist wie Schwimmen. Wenn du richtig schwimmst, gehst du nicht unter. Nur wenn du Angst hast, ertrinkst du."

„Ich bin noch nie ertrunken."

Alice steht mit gefalteten Händen und geschlossenen Augen neben dem Auto und bewegt leise murmelnd die Lippen. Theo hat den Kofferraum geöffnet und wühlt unter Wasserflaschen und Gepäck nach dem Seil.

„Beten ist wie Schwimmen, merk dir das, gobshite!"

Jetzt hat er es. „Ich weiß nur, dass wir hier feststecken", sagt Theo und freut sich, dass er wenigstens das Abschleppseil gefunden hat.

Weit und breit ist kein Mensch zu sehen, kein Auto ist unterwegs. Nach einer Weile nähert sich langsam ein Traktor. Ein Bauer mit schräg sitzender blauer Kappe hockt darauf.

„Bonsoir, monsieur!", schreit Alice und winkt.

Der Fahrer hält sein Gefährt an. Blubbernd kommt der Dieselmotor zum Stillstand. Theo schwirrt der Kopf von dem französischen Wortschwall, den Alice nun loslässt.

„Ah, votre voiture", erwidert der Franzose und krempelt auch schon die Ärmel seiner Arbeitsjacke hoch. Theo befestigt das Abschleppseil an der richtigen Stelle unter dem Auto, während der freundliche Bauer den Traktor dicht heranmanövriert. Theo hakt das Seil am Traktor ein. Der Dieselmotor tuckert, ein Ruck und der Mini steht wieder auf der Straße.

Der Bauer ruft etwas auf Französisch herunter. Alice sprudelt eine Antwort hervor.

„Merci beaucoup", sagt Theo, mehr kann er nicht. „Und, was hat er gesagt?", fragt er Alice, während der Traktor in der Dämmerung verschwindet.

„Wir sollen das Auto durch die Waschanlage fahren. – Na, gobshite, was hab ich gesagt?" Sie schaut Theo triumphierend an.

„Weiß nicht."

„Beten hilft immer. Holy Joe, wir sind ziemlich gut. Du, wir fangen ein neues Leben an." Sie lacht viel zu laut und kann nicht aufhören. „Es ist jetzt ein neues Leben, Theo. Nimm die Chance ernst! Wir haben ein neues Leben. Wir müssen etwas ändern, wir müssen ganz neu anfangen!"

„Wie soll das gehen?"

„Ich lass es mit dem Whiskey und du hörst auf mit dem Drogenzeug. Da sparst du dir 'ne Menge Geld." Sie lacht schon wieder und er denkt, dass sie den Unfall noch nicht richtig weggesteckt hat. „Wenn wir nicht aufhören, kann es auch nicht klappen. Dann kriegen wir das neue Leben nicht hin. Verstehst du, was ich meine?"

Sie ist völlig durchgeknallt, denkt Theo. Aber auch er fühlt sich sonderbar aufgedreht – und zugleich möchte er am liebsten losheulen.

Sie kämmt sich ihre zerzausten Haare, greift nach der Flasche hinter sich und wirft sie durch das geöffnete Autofenster in den Graben. Dann gibt sie Gas und nimmt diesmal den richtigen Weg nach Bar-la-Chapelle. „Es muss ohne gehen!"

„Ich bin gespannt, wie lange du es durchhältst", sagt Theo. Er weiß genau, dass sie noch zwei Flaschen hinten im Auto hat.

Alice hat es eilig, zum Kloster zu kommen. Vor der Kirche bremst sie scharf ab und springt raus.

„Wo willst du hin?", fragt Theo entgeistert.

„Ich muss eine Kerze anzünden!", ruft Alice zurück. „Zum Dank für den heiligen Patrick."

36. Kapitel: Für Ricco

Die Fahrt mit der Regionalbahn durch den Schwarzwald war endlos. Und dann noch ein Stück mit dem Bus bis zu einer einsamen Haltestelle mitten im Wald. Ricco läuft das restliche Stück zum Eingang der Klinik und gerät dabei ins Schwitzen. Sie haben ein paarmal miteinander telefoniert und er hat ihr angekündigt, dass er kommen wird. Während der Fahrt hat er sich überlegt, was er alles zu Lissi sagen wird. Vielleicht erwartet sie von ihm, dass er ihr um den Hals fällt und sie küsst. Aber vielleicht ärgert sie sich auch, wenn er das tut. Vielleicht hätte er ihr einen Blumenstrauß mitbringen sollen. Oder eine Rose. Ricco stolpert fast bei diesem Gedanken. Vor zwei Tagen ist er aus dem Städtischen Krankenhaus entlassen worden. Gestern hat er das Geld für die Fahrkarte zu Lissi von seinem Konto abgehoben. Seiner Mutter hat er nicht gesagt, was er vorhat. Aber sie ist ohnehin den ganzen Tag bei den Leberles in der Metzgerei.

Der kleine Weg führt ein Stück den Berg hinauf. Durch die Fichten sieht man die hellen Gebäude der Klinik, die in einem alten Schloss untergebracht ist.

Lissi steht am Eingangstor des Parks und lacht ihn an. Sie hat enge Jeans an und ein helles Top. Die Haare trägt sie kürzer als in Marklingen. Sie ist nicht geschminkt. Aber ihre Augen strahlen.

„Oh, Lissi", haucht er und streckt ihr den Metallkasten mit den Farbstiften entgegen, den er für sie gekauft hat. Sie hat in der psychosomatischen Klinik nämlich auch Maltherapie. Sie malt jetzt gerne, hat sie ihm erzählt.

„Und ich hab auch was für dich", sagt Lissi und hält ihm ein Blatt Papier entgegen.

„Was ist das?", fragt Ricco und denkt erst, dass sie ein Bild für ihn gemalt hat.

Aber es ist ein Gedicht. In ihrer kleinen, rundlichen Schrift hat sie es mit rosa Filzstift aufgeschrieben. Ricco schluckt und liest.

Für Ricco

Du bist nicht hip und nicht high.
Ich denk an dich.
Bitte verlass mich nicht.
Ich wollt, ich wäre so wie du.
Irgendwie frei.

„Wie gefällt es dir?", will Lissi wissen.

„Ganz kurz", sagt Ricco. „Gibt es überhaupt so kurze Gedichte?"

„Klar, Gedichte sind meist kurz. Besonders Liebesgedichte."

Er wird rot. Es ist also ein Liebesgedicht. Für ihn. „Danke, Lissi", sagt er.

„Du, ich kann nicht lange hier draußen bleiben. Ich muss gleich wieder rein."

„Aber wir haben nur zwei Minuten miteinander gesprochen."

„Du, ich hab dir gesagt, dass ich eigentlich keinen Besuch von draußen haben darf."

Sie legt ihren Kopf auf seine Schulter und er hält den Atem an.

„Ich will, dass du wieder richtig gesund wirst", flüstert Ricco.

„Diesmal schaff ich das", sagt sie und sieht ihn an. „Glaubst du, dass ich es schaffe?"

„Wenn du es wirklich willst, hältst du auch durch."

„Du, es ist nicht so leicht mit dem Entzug, wie die Leute draußen denken."

„Das glaub ich dir."

„Tagsüber muss ich dauernd weinen und nachts habe ich Alpträume."

„Ich wollte, ich könnte dir helfen. Aber ich glaub, du musst allein da durch."

Sie legt wieder den Kopf an seine Schulter. Ihr ganzer Körper zittert. „Wenn die Alpträume kommen, denke ich an dich. Dass du da bist. Dann wird es besser."

„Wirklich? Nur dadurch, dass du dir vorstellst, ich bin bei dir?" Er streichelt sie behutsam.

„Ricco, es kann gut sein, dass ich wieder runterfalle", sagt sie ganz leise.

„Wie runterfalle?" Er versteht nicht, was sie meint.

„Es ist wie ein schwarzer Abgrund. Ich balanciere an der Kante entlang und bin ganz zittrig. Kann sein, ich komme davon weg. Kann aber auch sein, dass ich runterfalle." Sie lässt ihn los, tritt einen Schritt zurück und lacht laut los. „Komm, Ricco. Wir setzen uns drüben auf die Bank und teilen uns den Joghurt. Ich hab einen für uns mitgebracht und einen Löffel hab ich auch dabei."

37. Kapitel: Vorbei

Alice blickt angestrengt nach vorne. Sie sind auf der Autobahn Richtung Paris. Alice hat Theo erklärt, dass sie ins Rodin-Museum will. Theo hat gefragt, was es da Tolles gebe. „Das Höllentor", hat Alice geantwortet.

„Du meinst das *Golden Gate*", sagt Theo. Wahrscheinlich ist das Rodin-Museum eine Disco.

„Nein, das Höllentor", sagt Alice. „Und lass mich jetzt in Ruhe, wenn ich fahre."

Autofahren ist Konzentrationssache, hat sie Theo erklärt. Da kann sie nicht nebenbei mit ihm diskutieren. Theo wiederum hat mehrere Zigaretten und einen Joint geraucht und zwischendurch ein paar Schlucke aus einer von Alices verbliebenen Whiskeyflaschen genommen. Dazu hat er ein Croissant gegessen. Theo ist unruhig. Immer wieder schaut er nach hinten. „Ich glaube, die verfolgen uns", murmelt er.

„Wer soll uns denn verfolgen? Die vom Internat wissen doch gar nicht, wo wir hinwollen."

„Du solltest ernst nehmen, was ich dir sage. Beat Weder ist dazu imstande und weiß es irgendwie."

Alice lacht.

„Wahrscheinlich weiß er es sogar von dir. Du hast ihm bestimmt erzählt, dass wir abhauen wollen."

„Nichts hab ich ihm erzählt."

„Da, der schwarze Citroën mit dem CH, der uns gerade überholt hat, das war er."

„Weder fährt einen weißen Golf."

„Ich sag dir, er war es doch."

„Was hast du gesagt?"

„Ach, ist doch egal. Stell die blöden *Dubliners* ab! Die nerven mich."

„Was hast du gesagt?"

„Ist doch eh alles sinnlos."

„Idiot!", brüllt Alice.

„Halt endlich an, ich muss aufs Klo."

„Hier geht's grad nicht."

„Das ist eine Falle. Ich hab dir gesagt, Weder hat uns gerade überholt."

„Du hast zu viel gekifft, Theo."

„Stell die verdammten *Dubliners* endlich ab! Ich kann dieses irische Zeug nicht mehr hören." Theo schlägt mit den Fäusten gegen die Frontscheibe und wird immer wütender.

Alice macht die Musik aus.

„Ich wollte nicht nach Frankreich!", brüllt Theo.

„Du nervst mich!"

„Und du mich erst!" Sie ist eine konfuse Idiotin. Und sie macht alles anders, als sie es vorher ankündigt. So jemanden muss man einfach hassen. Und außerdem ist Beat Weder hinter ihnen her. „Ich wollte nie mit dir nach Frankreich!", schreit Theo.

Alice setzt den Blinker und hält auf dem Standstreifen. „Steig aus, du Idiot", sagt sie.

Theo steigt aus. Er braucht frische Luft. Von Alices Fahrstil ist ihm ganz schlecht. Er muss eine rauchen. Vielleicht trifft er hier jemanden, der ihm neues Gras verkaufen kann. Er sieht sich um.

Alice gibt Gas, der Motor heult auf, die Vorderreifen quietschen und schon taucht sie ein in die Reihe der dahinbrausenden Fahrzeuge. Ohne ihn. Was soll das? Sie hat ihn einfach hier abgesetzt. Diese Idiotin, diese Verrückte! Eine Säuferin ist sie, eine Alkoholikerin. Sie wird es nicht schaffen, mit dem Alkohol aufzuhören. Er ist sich ganz sicher.

Lkws donnern an Theo vorbei. Er greift in seine Hosentasche und fühlt den Fünfeuroschein darin. In der anderen hat er seinen Perso. Er stellt den Kragen der Jacke hoch und fühlt sich plötzlich wie am Ende eines Kinofilms. Das Licht geht an, alle stehen auf und es geht raus in die Kälte. Ihm ist dauernd kalt, obwohl es eigentlich warm ist.

Wo befindet er sich überhaupt? Theo geht ein paar Schritte auf und ab. Erst in die eine Richtung, dann in die andere. Er steht auf dem Standstreifen der Autobahn nach Paris. Bis zur nächsten Tankstelle, bis zum nächsten Rastplatz müssen es noch zig Kilometer sein. Und sein Handy liegt in Luginsbühl im Internat auf dem Tisch.

Theo denkt nicht allzu lang über seine Situation nach. Er muss hier weg, irgendwohin ins Warme. Er friert und das im Sommer. Der einzige Weg, von hier fortzukommen, ist per Anhalter. Er stellt sich an den Seitenstreifen, streckt den Arm aus und winkt. Es dauert, bis ein Lkw langsam heranfährt. Ein niederländischer Blumentransporter. Der Fahrer winkt Theo, er solle einsteigen. Theo klettert hoch und fühlt Erleichterung.

Ein älterer Mann in einem grünen Arbeitsanzug sitzt am Steuer. Übergewichtig, grau-weißes Haar, freundliches Gesicht. Er fragt etwas auf Französisch.

Theo schüttelt den Kopf.

Der Mann lacht und versucht es mit Niederländisch. Theo zuckt mit den Schultern, er versteht kein Wort.

„Ich kann nur Englisch und Deutsch", sagt Theo.

„Ich heiße Hein. Und du?", fragt ihn der Mann auf Deutsch.

„Theo. Wohin fahren Sie?"

Er nennt den Namen einer Stadt, den Theo noch nie gehört hat.

„Ich will zurück nach Deutschland."

„Das ist die entgegengesetzte Richtung", sagt Hein.

„Ich weiß."

„Am nächsten Rastplatz setze ich dich ab. Da ist das Restaurant über die Autobahn gebaut. Dann kannst du auf die andere Seite gehen und jemanden suchen, der dich nach Deutschland mitnimmt. Du findest sicher jemanden."

„Ja, ja", sagt Theo.

„Du hast kaum Gepäck bei dir. Ich glaube, du bist ausgerissen." Der Mann lacht, hält es wohl für einen guten Witz.

„Ich muss etwas rauchen", murmelt Theo. „Oder etwas essen. Eins von beidem."

„Pass auf, ich habe nicht viel Zeit. In zwanzig Kilometern kommt der Rastplatz, da hol ich dir etwas zu essen aus dem Kühlraum hinten."

„Wenn man keine Zeit hat, muss man sie sich nehmen", sagt Theo und legt sogar den schweizerischen Akzent seines Onkels in den Satz. „Zeit ist die wichtigste Währung. Zeit verläuft schneller oder langsamer – je nachdem, wie du dich fühlst."

„Ich fahre Blumen aus Holland in eine Großhalle", erklärt Hein. „Und ich muss schnell sein. Für verwelkte Blumen bekommt man von niemandem mehr Geld."

„Für verwelkte Blumen bekommt man von niemandem mehr Geld", wiederholt Theo und muss kichern.

Wenig später sind sie auf dem Rastplatz. „Pass auf, nimm das." Hein kramt ein Stück grauen Karton hervor und holt einen dicken Filzstift aus der Brusttasche seines Overalls.

„Was soll ich damit?", fragt Theo.

„Es ist besser, wenn du ‚D' daraufschreibst. Dann sehen sie, wo du hinwillst."

„Gute Idee", murmelt Theo und schreibt so groß und dick wie möglich *D*.

Dann greift Hein noch einmal in die Tasche und holt einen zerknüllten Zehneuroschein hervor. „Kauf dir was zu essen und einen Kaffee."

Theo bedankt sich.

„Und schreib mir eine Mail, wenn du gut angekommen bist", fügt Hein hinzu. „Meine Mailadresse steht auf dem Wagen."

Hein fährt los. Theos Blick fällt auf ein Alpenveilchen im Plastiktopf, das aus dem Kühlraum gefallen sein muss, als Hein seine Box mit dem Essen hervorgeholt hat. Ein ziemlich mickriges Alpenveilchen mit blassrosa Blütenknospen. Theo berührt es vorsichtig mit dem Fuß. Wirklich, denkt er, eine idiotische, nichtsnutzige Pflanze. Kann man nicht mal rauchen und sieht auch nicht gut aus. Da liegt sie zwischen Ölflecken und Plastikschnipseln. Der nächste Lkw, der in die Parkbucht biegt, wird Topf und Pflänzchen zertrümmern.

Theo bückt sich, hebt den Topf auf und stopft ihn in die ausgebeulte Seitentasche seiner Jacke.

Epilog: Marklingen, ein Jahr später

Theo bleibt stehen und dreht sich eine Zigarette. Seine Finger zittern schon wieder, höchste Zeit, eine zu rauchen. Alles nervt ihn hier: Seine Eltern, das Maultaschenhaus, die Schulfreunde von früher, die er trifft und die ihm dumme Fragen stellen. War vermutlich keine gute Idee, sich mit Ricco zu verabreden.

Auf dem Spielplatz sieht es aus wie immer. Im Sandkasten steckt ein vergessenes gelbes Plastikauto. Theo hat Ricco den Spielplatz als Treffpunkt vorgeschlagen. Abends um neun ist man da völlig ungestört.

Ricco kommt mit seinem langsamen Hündchengang angedackelt. Er hat Jeans an, neue Turnschuhe und ein Polohemd. Und dünner ist er. Zwar immer noch übergewichtig, der alte Ricco, aber irgendwie anders und neu.

„Hey", sagen sie beide gleichzeitig.

Ricco bleibt stehen und betrachtet Theo lange. Der hat jetzt einen ziemlich normalen Haarschnitt, fast so wie Pedro. Theo spürt genau, dass Ricco das denkt, und schämt sich für die ordentliche Frisur, die ihm Onkel Ignaz verordnet hat.

Sie haben ihn wieder im Internat aufgenommen, damals, nach seiner Flucht mit Alice. Aber erst nach einigem Hin und Her. Seine Eltern haben ihn nach Luginsbühl zurückgebracht und Mama Isabel hat geweint. Schließlich hat Onkel Ignaz die Schulkonferenz einberufen und verkündet, sie würden Theo noch eine Chance geben. Vielleicht haben sie ihn damals aber nur deswegen wieder aufgenommen, weil sie alle noch unter Schock standen.

Wegen der Sache mit Alice. Irgendwo kurz vor Paris war sie von der Landstraße abgekommen und gegen einen Baum gedonnert. Eine Platane, wie Onkel Ignaz erklärte. Die französische Polizei musste ihre Leiche mithilfe von Schneidbrennern aus dem Auto herausholen. Wie sich später herausstellte, hatte sie zwei Promille Alkohol im Blut. Dabei wollte sie doch seit dem Zwischenfall in Bar-la-Chapelle ein neues Leben beginnen – ganz ohne Whiskey.

„Ja, also", sagt Ricco, „das hat tatsächlich geklappt mit den Elefanten."

„Tja, da kann man dir ja jetzt gratulieren", sagt Theo.

„Wie man's nimmt", murmelt Ricco und fühlt sich schlecht und wie ein Streber. „Und wie ist es bei dir so gelaufen?"

„Hm", sagt Theo. „Das ist eine lange Geschichte. Einmal bin ich ausgerissen. Sie wollten mich eigentlich nicht wieder aufnehmen. Nur weil ich eine Pflanze gerettet habe, durfte ich einen zweiten Anlauf nehmen."

Ricco kichert. „War bestimmt eine Cannabispflanze."

„Nee, ein Alpenveilchen", antwortet Theo. Es ist ihm seltsamerweise nicht peinlich. Er hat ein erbärmliches Alpenveilchen gerettet, na und? Dazu steht er.

Ricco zieht einen Fünfziger hervor und überreicht ihn Theo.

„Für mich? Wieso?" Theo begreift nicht.

„Hab ich dir damals geklaut. Am Abend vor dem Feuerwehrfest."

„Darauf wär ich nie gekommen."

„Hab ich aber."

„Komm, wir rauchen was", sagt Theo und kramt in seinem Rucksack.

„Das ist doch nicht etwa Gras?", fragt Ricco und kann es nicht fassen. „Ich dachte, die hätten dich davon runtergebracht im Internat deines Onkels."

„Quatsch. Ich bin nicht abhängig. Bei mir ist das anders als bei dir. Ich war nie süchtig."

Ricco sieht ihn lange an. „Aber ein paar Probleme hast du gehabt, oder irre ich mich?", sagt er schließlich.

„Lass uns was zusammen rauchen, dann erzähl ich dir alles." Theo überlegt, ob er die Geschichte mit Alice rauslassen soll. „Hab dich nicht so. Hast doch immer gern einen Joint genommen."

„Nein. Ich rauch nichts mehr. Gar nichts."

„Wir sind Freunde, oder? Da raucht man doch mal zusammen. Nur ein bisschen Gras."

„Du, ich pack's dann", sagt Ricco.

„Du bist doch gerade erst gekommen."

„Schon. Aber ich muss weg."

„Nicht dein Ernst."

„Ich muss ganz dringend weg." Ricco sagt es, dreht sich um und hastet davon.

„Jibinho!" Theo tritt gegen die Bank. So ein Idiot! Nicht mal einen Joint will er mit seinem besten Freund teilen. Streber, Spießer, der. Den kann er auch vergessen, Theo spürt es. Ricco läuft jetzt in einem anderen Hamsterrad.

Theo starrt in den Sandkasten. Ricco ist kein Druffi mehr. War mal einer und ist es jetzt nicht mehr. Warum regt ihn das überhaupt so auf?, fragt sich Theo. Ist doch alles egal. Und warum hat er keine Lust mehr auf den Joint, auf den er sich eben noch gefreut hat?

Theo zerknittert das Papierchen zwischen den Fingern und wirft es auf den Boden. Er ist nicht süchtig, das ist das Gute. Nie gewesen. Er steht drüber. Theo springt auf die Bank und breitet die Arme aus. Morgen wieder, aber heute nicht. Einen Tag lang hält er es schon aus, mal nicht drauf zu sein. Ein paar Stunden mindestens. Die schafft er. Bestimmt.

Worterklärungen

Abstinenz: Enthaltsamkeit von Drogen

Alkoholabusus: medizinischer Ausdruck für Missbrauch

Alkoholiker, trockener: Nach einem Alkoholentzug besteht hohe Rückfallgefahr. Daher sollten t. A. überhaupt keinen Alkohol mehr zu sich nehmen.

Amphe, Amphetamin: illegale, nicht-halluzinogene Droge, umgangssprachlich Speed, synthetisch hergestellte Substanz mit stark anregender Wirkung

Anonyme Alkoholiker: Alcoholics Anonymous, 1935 in den USA entstandene Selbsthilfegruppe gegen Alkoholabhängigkeit (Alkoholismus)

Benzo(diazepine): Medikament zur Beruhigung und Angstlösung, hohe Gefahr der Abhängigkeitsentwicklung, Erstickungsgefahr bei gleichzeitigem Alkoholkonsum

Betäubungsmittelgesetz: deutsches Bundesgesetz BtMG, ursprünglich „Opiumgesetz", regelt den Umgang mit Betäubungsmitteln

Cannabis: Hanfpflanze, enthält das Rauschmittel **THC**

clean (sein): keine Drogen mehr nehmen

Codein: Opiat, Einsatz als schmerzstillendes Medikament und Hustenstiller, rezeptpflichtig

Delirium: Form einer Psychose mit Bewusstseinsstörungen aufgrund von Drogenwirkung oder Drogenentzug

Depression: schwere psychische Störung, wird vorwiegend als Niedergeschlagenheit erlebt

Druffi: jemand, der Drogen nimmt, aber nicht abhängig ist wie ein **Junkie**

Ecstasy: Sammelbegriff für eine Gruppe synthetisch hergestellter Drogen, Amphetamin-Abkömmlinge, v. a. antriebssteigernde und halluzinogene Wirkung, E. zählt zu den harten Drogen, fällt unter das **Betäubungsmittelgesetz**, illegale Droge

Entgiftung: plötzliches oder allmähliches Absetzen des Suchtmittels (der Substanz) bei Abhängigkeitserkrankungen wie Alkoholismus und Drogenabhängigkeit

Entzug: Absetzen von Alkohol, Nikotin, Opioiden und **Benzodiazepinen**, dabei mögliches Auftreten von Entzugssymptomen (z. B. Panikattacken, Alpträume, Schweißausbrüche, Stimmungsschwankungen, Zittern, Depressionen) bei vorheriger Abhängigkeit; daher meist stationärer E. in einer Klinik

gobshite: sprich „gobschait", irischer Slangausdruck für „Quatschkopf", „Großmaul"

Gras: umgangssprachlich für **Marihuana**

Haschisch: gepresstes Harz der weiblichen Cannabispflanze, psychoaktive Droge, THC-haltig, gilt als Einstiegsdroge

Hustenblocker: enthalten oft **Codein** oder Opioide (Schmerzmittel), häufiger Missbrauch

Jibinho: sprich „schibinjo", dem Brasilianischen nachgeahmtes Fantasiewort

Joint: selbst gedrehte, trichterförmige Zigarette mit Tabak und **Haschisch** oder **Marihuana**

Junkie: Drogenabhängiger, vgl. auch **Druffi**

Koka, Kokain, Koks: schnell zu Abhängigkeit führende Rauschdroge, ursprünglich aus den Blättern des südamerikanischen Kokastrauchs entwickelter Stoff, der zunächst als Schmerzmittel in der Medizin genutzt wurde

Marihuana: auch Gras genannt, getrocknete Blütenstände und kleine Blätter der weiblichen Hanfpflanze (**THC**-haltig), die geraucht werden

Metaboliten: Zwischenprodukte in einem Stoffwechselvorgang im Körper, anhand derer die Einnahme von Drogen im Blut noch längere Zeit nachgewiesen werden kann

Opiat: Betäubungsmittel, häufig als Synonym für Opioid verwendet, fällt unter das **Betäubungsmittelgesetz**

Partydrogen: aufputschende Substanzen wie z. B. **Amphetamin** (Speed), Methamphetamin, stimmungsaufhellende Stoffe wie **Ecstasy**, die gegen Müdigkeit und zur leichteren Kontaktaufnahme (auf Partys, in Discos) eingenommen werden

Ritalin: verschreibungspflichtiges Medikament, eingesetzt zur Behandlung von Aufmerksamkeitsstörungen

Ritzen: selbstverletzendes/autoaggressives Verhalten, bei dem der Betroffene sich selbst Wunden zufügt

schizo(phren): psychisch schwer erkrankt, mögliche Symptome sind Halluzinationen, Wahnvorstellungen wie Verfolgungswahn

Spycher: (schweizerdeutsch) Speicher für Heu oder Getreide

stoned: (englisch) „versteinert", „mit erstarrtem Blick", von Drogen berauscht

Strychnin: starkes Nervengift, im Samen der asiatischen Brechnusspflanze enthalten, früher als Ratten-

gift eingesetzt, wird wegen der anregenden Wirkung
u. a. der Droge Heroin in kleinen Mengen beigefügt

THC: Tetrahydrocannabinol, Wirkstoff der Hanfpflanze **Cannabis** (vor allem der weiblichen Blütenstände), 2 bis 35 Tage nach dem Konsum im Urin
bzw. 12 Stunden im Blut nachweisbar

Uppers: aufputschende, wachmachende Drogen (im
Gegensatz zu beruhigenden Substanzen, den sog.
Downers)

Valium: verschreibungspflichtiges Beruhigungsmittel,
hohes Abhängigkeitsrisiko bei längerem Gebrauch